非物质文化遗产名词审定的意义

黄景春

在中国的非物质文化遗产保护工作中，时常会出现一些不规范用语，如"非遗文化""世界非遗"等。"非遗"是"非物质文化遗产"的简称，其全称本就包含"文化"，后面再缀上"文化"二字，纯属多余，属于不规范名词。把"人类非遗"称作"世界非遗"也是如此。联合国教科文组织评审世界文化遗产，主要保护对象是名胜古迹等。把人类非物质文化遗产代表作称作"世界非遗"，是混淆了"世界文化遗产"与"人类非遗"，造出了一个似是而非的名词。而我们发现，在一些学者的论文中，或在一些非遗保护单位的文件中，也会出现这类似是而非的名词。

出现这种状况，一方面是因为在非遗保护工作中不同人之间存在认知上的偏误，另一方面是因为非遗保护理念本来就是"舶来品"，是联合国教科文组织里的专家经过反复磋商提出的文化理念，有些理念还需要进一步讨论和修订，其理论也处在逐步完善的过程中。教科文组织是生产非遗保护理念和政策的发动机，很多名词最初都以英文和法文的形式出现，需要被翻译成中文。"非物质文化遗产"这个词，就曾经被翻译成"无形文化遗产"。在教科文组织的早期文件中还曾使用"民间创作""民间文化"与"民俗"等术语，还使用过"人类口头和非物质文化遗产"这一概念，最后才确定为"非物质文化遗产"。这些基本术语也是专家讨论后达成的共识。同时还应注意，各国的非遗保护虽都依据《保护非物质文化遗产公约》的基本精神展开，但具体的保护政策、措施和行动不尽相同，大家都在工作中积累经验，探索本国的非遗保护道路。有些国家注重发挥非政府机构、社区、民间团体在非遗保护中的主体作用，有些国家以政府提倡、基金会（或企业）组织实施的方式推进保护工作，中国则是以政府主导、以项目申报带动非遗保护工作。迄今，我国已形成非遗保护的国家、省（市）、地区、县"四级名录"体系，共有十多万个项目进入这个名录。

各国对非遗项目的分类方法不尽一致。有些国家严格按照教科文组织的"五分法"，有些国家根据自身的文化特性形成自己的分类方法。中国大体是依照高校的学科，第一批国家级非遗项目共划分出民间文学、民间音乐、民间舞蹈、传统戏剧、曲艺、杂技与竞技、民间美术、传统手工技艺、传统医药、民俗等十类。在项目的申报、管理和保护实践中，有些概念和术语会有所调整。譬如，从第二批非遗项目开始，民间音乐、民间舞蹈、民间美术分别更名为"传统音乐""传统舞蹈""传统美术"，杂技与竞技更名为"传统体育、游艺与杂技"，传统手工技艺更名为"传统技艺"。第四批国家级非遗项目申报，作为总称的"国家级非物质文化遗产名录"，在对标教科文组织的"人类非物质文化遗产代表作名录"后，改名为"国家级非物质文化遗产代表性项目名录"。这些还都是大类、总名上的改变。事实上，每一个非遗项目都自己的专名，自己的代表性传承人，自己扎根的社区，自己的文化特性。在非遗保护工作中，这些原本属于民间"小传统"的东西涌现出来，生成大量的新名词。教科文组织及各国学者在理论研究和保护实践中也提出了一批新的理论术语，生产出一批新名词。这些名词需要统一书写，形成稳定的内涵，避免同名异义、异名同义现象泛滥，造成理解、认知上的困难，给非遗保护工作造成麻烦。

因此，对非遗名词展开遴选、释义，向社会各界提供准确的非遗名词词汇表，是推进中国非遗保护工作的重点。2021年12月，经全国科技名词审定委员会批准，在上海大学成立"全国非物质文化遗产名词审定委员会"，对我国的非遗名词展开审定。目前，这项工作已经进入到词条遴选阶段。按照规划，2026年将出版一部《非物质文化遗产名词》，收入3000条以上非遗名词。我们相信，经过国内各高校和研究机构学者的共同努力，非遗名词会得到精确解释，中国的非物质文化遗产知识体系会得到进一步完善，非遗保护工作也将朝着更加规范的道路迈进。❖

作者简介：黄景春，上海大学文学院教授。

2023 2
CONTENTS 目录

总第30辑

主　办　上海师范大学
　　　　中西书局
承　办　上海师范大学中国非物质
　　　　文化遗产传承研究中心

名誉主编　冯骥才
主　编　陆建非
副主编　林银光　戴建国

编委会

主　任　陆建非
副主任　陈恒
委　员（以姓氏笔画为序）
　　　　王元　张文潮
　　　　董丽敏

编辑部

主　任　林银光
副主任　郎晶晶

责任编辑　刘博

刊名题字　陆建非

非遗传承研究

RESEARCH ON INTANGIBLE CULTURAL HERITAGE

非遗传承研究

RESEARCH ON INTANGIBLE CULTURAL HERITAGE

目录 CONTENTS

2023 **2**

本目录页榫卯作品生肖兔系北京金科朗信息科技有限公司黄左辰所作

著作权使用声明

地　址　上海师范大学体化楼101室
邮　编　200234
电　话　021-64321638
邮　箱　fyjk2016@163.com
出版日期　2023年6月25日

越南非遗保护的法律实践、特征及价值

——解读越南《文化遗产法》

杨程程

摘　要： 作为联合国《保护非物质文化遗产公约》的第一批缔约国，越南对非遗的保护、传承与活化的成效在一定程度上得到了国际社会的认可。现有研究关注越南非遗保护事业现状的较多，围绕其非遗保护法律及相关政策的专项研究成果较少。文章将梳理越南《文化遗产法》及其补充修订历程，通过具体解读剖析其非遗保护的理念与思路，并结合对其实践中的典型措施的分析，可系统地、深层次地认知越南文化遗产保护的法律体系。中越两国毗邻，在国家体制、经济环境乃至社会文化传统方面多有共通之处，梳理越南非遗保护的实践及特征，或可为我国非遗保护事业提供启示，有助于我国非遗保护法律制度不断完善。

关键词： 越南；非遗保护；法律政策

2022 年法国巴黎召开第九届《保护非物质文化遗产公约》缔约国大会期间，越南以 120 票当选联合国教科文组织保护非物质文化遗产政府间委员会（任期 2022—2026 年）委员，在当选国家中赢得最高选票。此次当选是越南主动参与全球多边机构非遗保护工作的证明，同时也是国际社会对其非遗保护贡献及管理能力的认可。据越南文化、体育和旅游部的数据统计，在新型冠状病毒（COVID-19）大流行之前，越南的世界遗产地在 2019 年接待超 1900 万游客，相关的旅游服务收入达 1.8 万亿越南盾（7643 万美元）。[1]中越两国毗邻，在国家体制、经济环境乃至社会文化传统方面多有共通之处，通过对越南非遗保护相关的法律政策进行解读，或可为我国非遗保护事业提供思路与启示，亦可为构建中越边境非遗保护惠民富民示范带提供借鉴。

一、越南非遗保护法律溯源

越南政府保护非遗的意识萌生于立国初期建构民族国家文化建设的需求之中。1945 年越南在独立后两个月颁布 65/SL 号法令，指出"保护'古董'是建设社会主义国家的迫切任务（而后'古董'的概念被称为'文化遗产'，包括非物质文化与物质文化遗产）"[2]。该法令简短扼要，仅含六条内容，却奠定了越南政府保护文化遗产的基本思路，即建构文化遗产与民族国家的认同联结，并使文化遗产的保护与传承为建设社会主义国家服务。

进入 20 世纪 90 年代，越南政府紧随中国提出"革新开放"政策，并在 1991 年越共七大通过的《社会主义过渡时期的国家建设纲领》中指出"建设和发展越南先进的、富有浓厚民族特色的文化，是正在建立的社会主义制度的基本特征之一"[3]。随后 1998 年越共八届四中全会正式通过《关于建设和发展先进而富有浓郁民族特色越南文化的决议》[4]，其中对越南文化的定义进行扩充，在原有的文艺领域之上进一步囊括少数民族文化、宗教相关政策、物质文化遗产和非遗的传承、保护和弘扬等内容。该决议第二章第 2 条第 4 款强调"保护和弘扬文化遗产"，自此越南政府有意将民族传统与革新开放、先进文化建设相勾连，非遗保护工作逐步进入正轨。迈入 21 世纪，越南对非遗的保护传承进入制定专门法阶段，非遗保护法律体系初现雏形。

作者简介：杨程程，浙江大学公共管理学院社会学系博士生。

二、越南《文化遗产法》的主要内容

2001 年 6 月 29 日，越南政府第十届国会第九次会议通过《文化遗产法》，该法于 2002 年 1 月 1 日起正式生效。[5] 2009 年 6 月 18 日，经国会同意对法律中的重要条款进行补充修改，最新版法律文本于 2010 年 1 月 1 日起生效。通过这部囊括自然与文化遗产、物质文化遗产与非遗的《文化遗产法》，越南非遗保护的框架基本确立。

越南《文化遗产法》由七章共 74 条构成，七章的内容依次为：总则、组织与个人对文化遗产持有的权利与应尽义务、保护和弘扬非遗的价值、保护和促进物质文化遗产的价值、文化遗产的国家管理、表彰、奖励和违规处理、执行条款。

第一章第 4 条是对非遗进行官方界定："非物质文化遗产是具有历史、文化或科学价值，以记忆或文字的形式保存下来，通过口头和专业教学、表演等形式保存和传承的精神产品，包括言语、文字、文学、艺术或科学著作、口述文学、民间清唱剧、生活方式、礼仪、传统工艺技术、传统医药知识、饮食文化、传统服饰等民间知识。"该定义为越南传统文化提供政策合法性支持，越南人民创造的精神产品由此正式被纳入文化遗产范畴，获得官方授予的历史、文化或科学价值认定。

第三章（第 17—27 条）是围绕非遗保护的专项条款，这 11 个条款对非遗的研究、普查、登录、保护、传播做出规定，并界定政府以及相关的组织、个人在保护传承非遗时所享有的权利和应承担的责任。第 17 条指出："国家鼓励和创造条件，为组织和个人开展非遗的研究、收集、保存、教学和推广活动，以维护和发扬民族文化特色，丰富越南文化遗产宝库民族共同体。"从国家层面，明确鼓励、支持非遗保护传承的基本态度，认可非遗是越南文化遗产的重要组成部分。第 18 条与第 19 条明确非遗保护工作中国家及政府部门的具体职责，并详细规定越南非遗申请联合国教科文组织人类非遗代表性名录的流程。第 20 条规定国家主管部门在非遗保护中的最低限度义务："国家主管部门应采取必要措施保护非遗，防止其在传承过程中被篡改、消失或丢失的危险。"

第 21 条至第 25 条的具体规定见表 1 所示，分别从越南各民族的语言文字、生活方式和习俗传统、民间文艺、传统手工艺与医药、传统美食与服饰以及其他民间知识、传统节日等方面陈述国家作为主体的官方行动趋势。这五条反映了当时越南官方对于本国非遗门类的初步构想，也隐含了其依非遗门类制定的多元保护措施，依非遗项目采取多样发展策略的基本思路。

表 1　越南文化遗产法第 21—25 条具体规定

条　目	内　容
第 21 条	国家制定政策，创造条件，保护和发展越南各民族的语言文字。所有组织和个人都有责任保持越南语的清晰和纯洁。
第 22 条	国家、社会保护和发扬民族生活方式及生活方式中的优良习俗与传统；革除不利于人民群众精神生活的不良风俗习惯。
第 23 条	国家采取政策鼓励收集、编译、翻译、统计、分类和存档越南民族社区的文学、艺术和科学作品、口头传说、民间清唱剧，以在国内普及和对外文化交流。
第 24 条	国家采取政策鼓励保护、恢复和发展具有典型价值的传统手工艺；传统医药学知识的研究与应用；维护和促进美食、民族传统服饰和其他民间知识的价值。
第 25 条	国家为维护和弘扬传统节日的文化价值创造条件；革除陋习，打击祭祀组织和活动中的不良现象和唯利是图行为。举办传统节日必须符合法律规定。

第三章"保护和弘扬非遗的价值"中，最后两条是针对具体非遗利益相关者做出的规定。第 26 条涉及非遗从业者，指出"国家对掌握并在推广传统艺术或具有特殊价值的专业技术方面有功绩的工匠和艺术家给予尊重和优惠政策"，这表明越南对于非遗保护传承给予社会尊重与经济支持。第 27 条则是对越南非遗进行研究与收藏的规定："海外越南人、外国组织和个人经国家主管机关书面同意，可对越南的非遗进行研究和收藏。"该条规定文化和信息部门为越南非遗研究、收集颁发许可证的国家机构，由此可窥知越南在文化遗产层面上所体现的国家文化安全观。

三、关于实施文化遗产法部分条例的详细规定

不足的是，越南《文化遗产法》并未对非遗做出确切的门类界定，未明晰非遗的具体特征，支持非遗发展的措施也未做详细规定，上述缺失在一年后得到补足。2002 年 11 月 11 日，越南政府通过 92/2002/ND-CP 号令，即《关于

实施文化遗产法部分条例的详细规定》[6]，新增关于自然遗产和水下文化遗产的细则，并细化非遗的范围。

在第一章第2条第1款中，非遗被明确划分为八大类，分别是：语言文字、民间文学艺术作品、口头文学、民间表演、社会习俗与仪式实践、传统节日、传统工艺、传统知识。此外，第二章第6条第1款首次对"越南典型非遗"的特征进行界定："a）展示了历史、文化和科学的特殊价值。b）显示出在历史、文化和科学方面的全国性和世界性影响。c）通过过去和现在，反映非遗在社区的起源和作用。d）展示独特的传统文化特性和创造新文化价值的基础。"这一界定明确了越南非遗项目评估的官方标准，越南政府注重非遗的特殊价值与影响力范围，且强调其和本地社区的关联以及独特性与可持续性。值得注意的是，这也是越南第一次在法律文件中使用"社区"一词替代先前常用的"组织与个人"，关注非遗与原生文化土壤之间的关联。

第一章第7条补充规定保护和发挥非遗价值的六款措施，这些措施可视为越南保护非遗工作的操作指南。自此，全国普查、认定、记录、建档、定期排摸及传播、财政支持、社会参与成为越南非遗保护的基础性工作。

第二章第12条对涉及相关从业者尤其是传承非遗的工匠与艺术家的利益方面做出了更详尽的规定：专设追授命令、勋章、奖章、国家荣誉称号和其他形式的荣誉，采取为其创作、表演、展示、推广和非遗产品等系列活动提供便利并承担部分费用的政策，对获得国家职称但收入低、处境困难以及生活在困难地区和特别困难地区的工匠和艺术家提供月度津贴和其他优惠。

紧随《文化遗产法》出台的《关于实施文化遗产法部分条例的详细规定》，有效补足了前者的缺失，一方面明确非遗的八大门类以及典型特征，为非遗名录的编制提供了官方法律依据，另一方面对非遗保护提出更具落地性、针对性的措施，在明晰基础性工作的前提下设定进阶手段。在这两方面的基础上，越南在全国范围内开展非遗的申报、认定与保护工作。

四、越南《文化遗产法》的修订

2009年6月18日，越南第十二届国会在对第十届国会审议通过的《文化遗产法》进行修改、补充的基础上颁布第32号《修正和补充〈文化遗产法〉若干条款的法律》[7]，修订补充后的《文化遗产法》于2010年生效。

第一章第4条第1款中关于非遗的定义被修订为："非物质文化遗产是精神产物，与社群或个人、物体和文化空间相关，具有历史、文化、科学价值，体现社会群体性，不断得到创作，经口头、技术、表演和其他等形式代代相传、流传至今。"[8]，与2001年的版本相比，新版文化遗产法删去了原来在定义中的非遗门类列举，扩大了非遗的范围，且更强调非遗与持有者的密切关系以及非遗的活态传承性，首次引入文化空间这一特殊概念，修订后的定义与2003年联合国教科文组织《保护非物质文化遗产公约》中关于非遗的定义更为一致。

原第三章第18条、第19条也有所修改。一方面，由于国家行政机构调整，将原本归属"文化信息部"的职责移交给"文化、体育和旅游部"；另一方面，在原基础上细化越南非遗纳入国家非遗名录以及联合国人类非遗代表性名录的流程。

此次修订也对国家扶持的非遗从业者的范围进行了调整，将原本第三章第26条的表述由"在推广传统艺术或具有特殊价值的专业技术方面掌握并有功绩的工匠和艺术家"变更为"有突出才能的手工艺者和保护非物质文化遗产有功人士"；可享受政府优惠措施及待遇的群体从"工匠和艺术家"修订为"手工艺者和有功人士"，体现了越南政府日渐扩大其帮助与支持的非遗持有者、从业者的范畴。

五、越南《文化遗产法》的特征

通过梳理越南非遗保护相关法律政策，可知越南政府自独立起便有意识地将文化遗产视为建设社会主义国家的资源，保护"古董"即保卫"国家"。而后《文化遗产法》的出台以及一系列补充规定的批准，使得通过保护、传承文化遗产弘扬民族文化、建构国家的认同这一模式获得了国家层面的制度合法性。非遗的保护、传承乃至发展正是在这样的举国体制下被推动，此时非遗所承载的已不单是民族文化符号，而与国家经济社会发展密不可分。正如越共十三大报告所强调的"建设先进的、富有民族特色的越南文化"，是为了"培养全面发展的

法律法规
Laws & Regulations

人，注重传统价值和现代价值紧密而和谐的结合……既弘扬民族的优秀文化又吸收人类文化精华，使越南文化成为经济社会发展和融入国际的精神基础、内生动力和突破力"。[9]

越南非遗保护相关法律及政策从无到有的历程，是其对文化遗产认识不断深入的过程。审视、解读其《文化遗产法》以及相关补充、修订规定，可总结出越南非遗保护法律法规的几个典型特征。

其一，现行法律行政保护性质明显，例如仅规定省级以上人民政府及有关部门在各自职责范围内，负责非遗的调查、保护、推广等工作，未对具体权责的归属进行详细界定。

其二，公权保护性质突出，越南现行法律强调国家对非遗应采取行政保护行为，规定政府在保护非遗上的职责或行为，不强调平等主体就非遗的归属、利用、转让等产生的权利义务关系，即基于公权力对文化遗产实施统一保护。

其三，规定原则性大于司法实践性，越南《文化遗产法》虽进行过补充修订，但内容多为宣示性、原则性的规定，如法律中未规定行政机关不积极履行相应保护非遗的职责时应当承担的处罚措施，也未规定具体的处罚手段、方法等，司法实践性不强。

六、结语

越南经历了与中国较为相似地从"站起来"到"富起来"再到"强起来"的跨越式发展进程。我国政府的主要治理逻辑从政治治理（以阶级斗争为纲）到经济治理（以经济建设为中心）之后，正在走向文化治理（建设社会主义文化强国），我国"非遗扶贫"的实践已初步论证非遗本身乃至文化作为国家治理工具有效性。[10]中共二十大报告中提及文化近30次，在第八章"增进文化自信自强，铸就社会主义文化新辉煌"中对未来我国文化建设做出了系统阐述。在此导向下，我国文化遗产保护法律法规日趋完善，政策手段日渐多元，文化遗产的保护传承与发展成为建设社会主义文化强国的题中之义。

国家政府期望通过保护传承的法制化，使非遗的价值实现从血缘的、族群的、地域的到民族的、国家的乃至全球的意义转换和发明，最终为稳固的民族国家政权服务。也正因如此，越南非遗保护法律所呈现的特征也可在我国现实中找到踪迹。我国拥有更为丰富的各级各类非遗项目，规范非遗法律保护制度任重而道远。通过以上对越南非遗保护相关法律政策的解读，愿为我国非遗保护法律制度的不断完善提供思路，助力我国非遗保护传承事业进一步发展。◆

参考文献：

［1］越南宁平省政府.UNESCO Director General hails Vietnam for fully tapping cultural conventions［EB/OL］. https://en.baoninhbinh.org.vn/unesco-director-general-hails-vietnam-for-fully-tapping/d20220906163713675.htm, 2022-06-09.

［2］越南文化、体育和旅游部.第65号法令（1945年11月23日）——第一个关于保护文化遗产的法令［EB/OL］. https://bvhttdl.gov.vn/sac-lenh-65-23-11-1945-sac-lenh-dau-tien-ve-bao-ton-di-san-van-hoa-20211117152304607.htm, 2021-11-18.

［3］谢林城，李碧华等.越南国情报告［Z］.北京：社会科学文献出版社，2016：243—259.

［4］越南文化、体育和旅游部.关于建设和发展先进而富有浓郁民族特色越南文化的决议［EB/OL］. https://bvhttdl.gov.vn/van-ban-quan-ly/595.htm, 2011-02-09.

［5］联合国教科文组织. Law on Cultural Heritage ［EB/OL］. https://en.unesco.org/sites/default/files/vn_law_cltal_heritage_engtof.pdf, 2001-06-28.

［6］联合国教科文组织.On the detailed regulations to implement some articles of the Law on Cultural Heritage ［EB/OL］. https://en.unesco.org/sites/default/files/vn_decree_92_engtof.pdf, 2018-05-16.

［7］越南文化遗产部. Luật sửa đổi, bổ sung một số điều của Luật di sản văn hóa 修正和补充《文化遗产法》若干条款的法律［EB/OL］. http://dsvh.gov.vn/luat-sua-doi,-bo-sung-mot-so-dieu-cua-luat-di-san-van-hoa-1682, 2009-11-25.

［8］刘志强，谈笑等.东盟文化蓝皮书：东盟文化发展报告（2019）［M］.北京：社会科学文献出版社，2019：376—401.

［9］武文福，韦丽春，慕潮.越南共产党第十三次全国代表大会文件的核心和新内容［J］.世界社会主义研究，2021（2）：56—62+91.

［10］王元，杨程程.非遗扶贫的文化治理性探析［J］.中国文化产业评论，2021（1）：353—364.

新时代背景下金华市民俗类非遗项目传承发展调查

黄　欢　赖雪芳

摘　要：作为传统文化遗产重要内容和组成部分，金华地区的民俗类非遗项目随时代和社会的变迁而发生演变，甚至面临消失的风险。文章通过对金华地区民俗类非遗项目在当下的存续状况展开调查，分析当地民俗类非遗项目的保护现状、特征及存在的问题，并结合新时期非遗保护工作的新要求、新趋势，就如何做好新时代的民俗类非遗项目保护传承保护工作，提出思考和建议对策。

关键词：金华地区；民俗类非遗项目；非遗保护；非遗传承

　　金华地处浙江中部，原属古婺州地区，历史上人文荟萃、文化底蕴深厚，素有"江南邹鲁""文物之邦"之称。自古以来，金华地区保持传统农耕文化传统，崇文重教尚武，民间民俗文化丰富多样。这些民俗文化是金华地区文化遗产的重要组成，生动展示了金华地区的人文特性与民风民情。然而，由于外部环境的变化，任何文化遗产都无法避免社会变迁带给它的影响。作为传统文化遗产重要内容和组成部分，金华地区的民俗类非遗项目也会随时代和社会的变迁而发生演变，甚至面临消失的风险。对金华地区民俗类非遗项目在当下的存续状况展开调查，将为推动新时代非遗的系统性保护工作机制确立、政策制定提供可资参考的实践案例。

一、调查概述

　　金华地区省级以上民俗类非遗项目共 18 项，其中国家级非遗项目共 4 项（项目数据截至 2020 年 12 月），包括兰溪"诸葛后裔祭祖""浦江迎会""方岩庙会"和"赶茶场"。调查项目基本覆盖全市，项目类型涵盖祭典、仪式和大型庙会等集体性活动。根据课题组安排，金华地区的项目调查分两批进行。第一批次调查在浦江、兰溪和金华婺城区三地展开，调查了"浦江迎会"、"杭坪摆祭"、"浦江抬阁"、"汤溪城隍庙摆胜"、"金华斗牛"、兰溪"诸葛后裔祭祖"等项目；第二批次调查在义乌、金华金东区、永康、磐安、武义五地进行，完

成了"义乌抬阁跷""迎花树""迎大蜡烛""武义抬阁""畲族三月三""永康迎花烛""方岩庙会""赶茶场""婺州南宗祭孔典礼""炼火"等项目的实地走访调查。

　　1. 调查内容

　　为尽可能确保调查工作的全面性，调查从三个层面着手。

　　基础层面，包括：民俗项目的变迁、存续情况，以及其与地方社会生活的关系；民俗项目的传承区域、传承人情况、传承现状问题；民俗项目的传播方式、周边区域影响情况。

　　专业工作层面，调查了地方非遗工作机构（非遗保护中心）对相关民俗项目的整理、记录和研究情况；地方政府对民俗项目的相关政策；为保护、发展民俗项目所开展的其他工作情况。

　　公众认知（态度）层面，调查了普通民众对项目的感知、态度与参与情况。

　　2. 调查方法

　　本次调查综合采用文献研究与实地调查相结合的方法展开。在调查前期阶段，以文献研究为基础，梳理和筛选调查研究对象、拟写访谈提纲、设计信息采集表格等。在调查期间，通过实地走访，采用观察法、访谈法（个人访谈和集体座谈）以及拍摄录像（音）等方法和手段，采集和收录实地调查数据。这是本次调查研究的重点环节。

　　3. 调查目的

　　从学术研究的维度来说，深入了解金华地

作者简介：黄欢，浙江省非物质文化遗产保护中心（馆）副研究馆员；赖雪芳，浙江省非物质文化遗产保护中心（馆）馆员。

区有代表性、地域特色的民俗类非遗项目存续状态，发现问题，并提出对策。这既可为浙江省非遗数据库采集积累数据资源，也可为未来研究、宣传金华非遗留下基础资料。从保护工作实践角度来说，开展民俗类非遗项目调查研究，亦是当下现实工作的需求。在受到互联网影响的当下，社会大众生活方式发生深刻改变。当前的非遗保护和传承工作，面临着与以往不同的全新挑战。通过调查研究，摸清底细、发现问题，将有助于进一步探索与思考新时期民俗类非遗项目的传承发展和保护工作的走向和理念。

二、项目存续特点

金华"三面环山夹一川，盆地错落涵三江"的地理生态，孕育和发展了丰富多样的民俗事象。在金华，儒学思想深刻浸润，佛教、道教文化亦影响深厚，还存在大量民间信仰，如胡公大帝、黄大仙等。这些民间性神祇与正统宗教的神灵具有同等的神圣性。为朝拜或祭祀，金华民众发展出复杂多样的祭祀礼仪，如以容纳民间信仰、传统祭祀仪式、传统体育竞技、传统艺术、传统社会组织等多重文化事象的"方岩庙会"，是金华地区最具代表性的民俗类非遗项目，也是覆盖金衢地区的地域民俗圈。[1]它体现了地域性、家族性、实利性、集体性和综合性等文化特征，也展现了当地民俗的多元精神和信仰内核。这些民俗类非遗项目在当下依然有较高的民众参与度和关注度，在政府的保护和引导下，显示出顺应新时代存续和发展的时代特征和生命力。

1. 显示强大的文化生命力

在调查中发现，"浦江迎会"、"杭坪摆祭"、"浦江抬阁"、"汤溪城隍庙摆胜"、兰溪"诸葛后裔祭祖"这五个集体参与式项目，有完整、规范的仪式流程，群众参与度高，传承发展情况总体良好。这些项目在具体实践中，在保持核心内容的基本前提下，部分环节调整并吸收现代性内容，不断与现代社会生活方式、理念调适，如抬阁类项目中的安装会桌环节，原本秘而不宣，现已经公开安装制作方法；"汤溪城隍庙摆胜"在经费筹措上，可以由独立个人承担，相对应地调整祭品分配方式；兰溪"诸葛后裔祭祖"祭文的编写，在格式章程上遵循传统体例，在内容上则吸收当下主流价值观的要点，体现与时俱进的精神。这些非遗项目，在更新的社会环境中自主调适、不断创新，显示出极强的文化生命力。

2. 让地方旅游形神兼具

在文旅融合和全域旅游发展的背景下，依托优越的自然人文资源，文旅融合，非遗赋能，民俗类非遗项目在旅游开发中合理融入，让地方旅游在有形的基础上，创造出更多触动心灵的精神性体验，从而使得地方旅游达到形神兼具。永康"方岩庙会"亦称"胡公庙会"，是永康一带最盛大的民俗活动。它以永康为中心，以衢婺二州为重点，覆盖浙中、浙西、浙南、浙东。民众到方岩山胡公祠进香朝拜，形成了胡公文化氛围。依托独特的丹霞地貌景观，方岩山景区对胡公文化进行充分展示与融合，胡公祠、胡公殿、胡公塑像、胡公碑廊、胡公会馆、"为官一任·造福一方"语录壁、赫灵壁、圆梦塔等，均为胡公文化内涵的发掘和外延的拓展。方岩山是方岩庙会的重要活动空间载体，一年一度的庙会活动，有"打罗汉""打莲花""三十六行""十八蝴蝶"等体育竞技与文艺表演活动，场面之盛大、影响之广泛，为方岩山景区的推广发挥了强大的宣传作用。因为拥有自然景观之形与胡公文化之神，永康方岩镇在文旅融合的大时代中，打好了一手"胡公牌"。兰溪诸葛八卦村依托古村落古民居资源，进行乡村旅游开发，同时将诸葛后裔祭祖项目与之充分融合，丰富了当地古村落旅游内容，提升了旅游者的参与式体验。永康方岩与兰溪诸葛八卦村的文旅融合模式，为民俗类非遗项目保护工作思路和方法的创新，提供了生动的实践案例参照。

3. 打造花样生产性保护模式

地方传统的生产、生活方式和节律是民俗类非遗项目生存的土壤。大多数民俗类非遗项目，似乎被动式地存在于时代的洪流中，不免出现迷失、淡化的趋势，甚至在人们的日常生活中变得可有可无。然而，在调查中发现，金东区传统"迎花树"民俗活动在当下的存续，显示出新时代的生机。金东区孝顺镇南仓村、让河一村和让河二村的"迎花树"民俗活动源自清朝年间当地摘赏茶花以示吉利的传统，由此，当地栽培茶花等花木传统延续到今天，已经演变为当地的苗木种植产业，成为当地村民经济收入的重要来源之一。"迎花树"从寄托美好生活祈愿的生活节俗，转化为农村产业发展的源动力，为当地民众助创美好生活，书写生动的花样生产性保护模式。

4. 促进和谐社会可持续发展

类似庙会之类的大型民俗活动，一般会跨越区域，涉及一定数量的人群，活动体量和规模往往较为巨大。传统上，各地民间会根据特定方式形成活动组织机构，主导或负责活动的组织开展。如"杭坪摆祭""方岩庙会""汤溪城隍庙摆胜"等民俗活动的开展和传承，也倚赖案堂会等民间组织发挥组织和管理作用。活动期间，在活动组织的调和下，大家往往有齐心协力把活动办好的自觉共识。由于习俗和传统的惯性，除了活动组织者，心怀美好祈愿的普通民众也大多能主动参与到活动中来。武义"迎大蜡烛"活动中，在"16头人"组织下，全村每户献出一支红蜡烛，以融小烛成大烛的传统，意在祈求风调雨顺、国泰民安，也在团结村民、凝聚人心。正是由于传统民俗活动的组织与开展，不仅联动了不同地区与群体，同时也促进了彼此的沟通、协作与情感交流，还增强了对共同文化的认同感，增进了集体向心力与凝聚力。这对当下金华农村地区发挥村民自治管理、推动乡风文明建设，促进地方和谐社会建设与发展，具有积极的现实意义。

三、项目保护存在的问题

在实地调查中，金华地区民俗类非遗项目存续发展除了表现出积极正向的发展，同样也存在不可忽视的问题。在国内同类型非遗项目中，这些问题具有一定的普遍性和共通性。

1. 民间参与内驱力不足

民俗类非遗项目，大多反映了民族的宗教信仰、审美情趣、社会生活、精神风貌和心理情感等。但缺乏精神信仰内核的民俗类非遗项目在社会环境急剧变化的当下，存续与传承存在很大问题，即民间参与内驱力不足。"义乌抬阁跷"和"武义抬阁"两个非遗项目没有特定的信仰对象，更偏向为集体性的娱乐活动。近些年，这两个项目所在地政府从推动文化或旅游经济工作角度出发，自上而下组织开展活动。但因为项目本身没有具体的信仰对象，缺乏信仰支撑，民间甚少自发举行活动。这类型非遗项目的存续和保护工作，目前处于一种尴尬的境地。

2. 传承后继乏人

通过调查发现，非遗项目后续传承人培养艰难是普遍存在的问题。以"金华斗牛"项目为例，这一项目受现代社会发展变化影响较大，项目总体保护和传承相对薄弱。斗牛所依赖的传统稻作农耕的生产方式和总体基本被现代生活方式取代，斗牛数量少、饲养斗牛成本增高、斗牛交易市场减少等，都是金华斗牛项目保护和发展所面临的现实问题。金华斗牛项目目前仅有省级传承人一名，市级传承人一名。项目传承人培养模式，以父子相传为主。"金华斗牛"两位传承人均提到要将自身的技艺传承给儿子，因为很少有人感兴趣主动来学习。"浦江抬阁"项目，国家级代表性传承人为张根志，省级代表性传承人为其子张劲松。"诸葛后裔祭祖项目"要求传承人既需熟悉了解传统仪规流程，还要有较深的历史、文学素养，综合能力要求较高。由此可见，是否有兴趣当传承人、传承人如何选择和培养等问题，都面临窘境。

3. 传承人认定困难

由于民俗类非遗项目大多为集体性、群众性的活动，但现有代表性传承人认定标准和管理模式偏向以独立个体作为量化指标，适用于一个社会个体即可独立掌握核心技艺的单一性项目，如舞蹈、民间文学、雕刻、剪纸等技艺型项目，而在民俗类非遗项目代表性传承认定中缺乏实际操作性。在调查中发现，因为名额的限定，代表性传承人按照级别进行认定，但大部分尚未形成完整的代表性传承人梯队。对于民俗类非遗项目，既有组织者，也有参与者；组织者之间，有职责分工，每个人各有所长，大家通过密切协作完成活动。代表性传承人基本在组织者中筛选。因为名额等制度条款的限定，选择谁作为代表性传承人，往往需要平衡多方面因素，以免产生矛盾。由此造成了不能及时评选出最合适的代表性传承人的现状。这也从客观上对民俗类项目的保护和传承工作产生了不利影响。

4. 活动主导单一

当下非遗面临的威胁，包括商业化、商品化和去语境化。大多数民俗活动的展开，由于所涉及项目众多、体量大，往往人财物消耗巨大。在国家大力推动非遗保护传承发展的宏大背景下，一些地方将诸如传统节日、庙会大型民俗活动纳入到地方政府文旅部门工作计划中，并大多呈现出文化搭台经济唱戏的模式。政府文旅部门通过提供经费、活动统筹等方式，组织和开展活动，成为此类民间活动的主导者。在政府主导下，民俗活动的民间自发性被稀释。长此以往，有可能导致民间民俗活动的开展、传承依赖于政府的动员或经济利益的驱动，相关社区、群体和个人在保护其所持有的非遗过程中应具有的主要作用则难以发挥。

四、新时代保护的建议对策

进入新时代，包括民俗类非遗项目在内的各类非遗时刻都在发生着变化，以彰显自身的时代性。在过去的十几年中，在政府主导下，我国非遗保护工作的成绩可圈可点，然而，面对新形势、新趋势，民俗类非遗的保护工作理念、方法，亦需要做新调整，新探索。针对上述金华地区民俗项目保护和传承实践中存在的问题，笔者尝试在新时代背景下，提出民俗类非遗项目的保护和传承工作的思路与方法，以供探讨。

1. 反思项目名录制度

民俗类非遗项目与民众日常生活深度融合，也极易受到时代变化的影响。从文化整体性视角来看，民俗类非遗项目涵纳的多重文化事象在社会生活中是一种相互关联的存在。在保护传承实践中，民俗文化往往按照非遗名录制度的十大门类划分，进行分解归置。

在过去的十几年中，分类名录制度在推动非遗项目的申报、管理和保护上效果显著。但我们无法否认由此带来的因分解某些文化事象而造成的在认识和保护管理上的整体性意识和观念的缺失。[2]

当前，人们需要反思项目名录制度对的民俗类非遗的分解带来的影响。"一旦被割裂，非物质文化遗产的对象就会人为地改变了它的性质内涵和社会功能"，"孤立的、割裂的认识非物质文化遗产和对待非物质文化遗产，那种保护和传承也是难以奏效的一种仪式"。[3]以"方岩庙会"为例，它在漫长的发展历史中，形成了集合展演的民间体育、民间文艺综合性民间庙会活动，是国家级民俗类非遗项目。其中的部分表演项目，如"十八蝴蝶"被列入国家级传统舞蹈门类非遗项目。由此，会影响对庙会活动的整体性认识，进而会造成对各项子活动之间的保护和研究关注力度的失衡。

2. 反思非遗的活态性

为了消解非遗的活态性与项目名录制度的固化之间形成矛盾，促进非遗的活态性，需要建立动态记录体系和完善非遗项目的档案化存档机制。

首先，建立动态记录体系。非遗对于所在社区、群体具有文化意义与社会功能，才有存续的生命力。上述所提的非遗项目，没有集体公认的信仰对象，也就缺少了文化、心理、精神认同与社会功能。对于民俗类非遗项目为了顺应当下社会生活而做出的调整与变化，须保持审慎态度和理性认知，不能单纯为了保护原生态而批判。依托数字化技术手段，对项目本身、文化空间、传承基地和传承人群体等，建立动态跟踪记录和保护工作机制是值得全面推行实施的。

其次，完善非遗项目的档案化存档机制。具有经验实践性和实用性的非遗项目，深嵌于民众生活背景之中，与所处的自然环境、社会关系不可分离，因而本身就具有很强的动态性和变化性。金华"斗牛"目前面临的问题所依存的社会环境、自然环境发生了巨大变化，其所根植的土壤日渐贫瘠、甚至消失，因此，该项目的发展日渐式微。对于此类非遗项目的保护，应从长远角度、以客观理性的态度，采取适度措施，延缓非遗项目的消逝，但不应该一厢情愿地通过恢复传统的社会生态来保障非遗的传承。随着时间推移，越来越多的项目会面临此类境况，这将不可避免。因此，应该建立濒临消逝类非遗项目的档案化存档机制，即对于失去活态存续环境的非遗项目，可以考虑转向收藏、记录的馆藏化、档案化的非遗馆、博物馆收藏和保护的路径。

3. 集体性传承人的遴选与认定

民俗类非遗项目，如节庆、庙会，是多个

调查与报告

Surveys & Reports

社会个体参与、共同掌握文化核心的综合性项目。这些项目传承人的遴选与认定，应该以项目的集体共同传承与传播作为基础和出发点，以特定集体内数个个体作为一个传承主体，共同承担某一项非遗项目的传承、传播。[4]这既能抓住该项目的保护主体，同时也能更好地平衡和协调项目关键人员的内部关系，从而使该项目得以更为有效地传承。因此，推出集体性传承人遴选和认定工作制度，不仅是解决当下非遗保护工作代表性传承人认定工作存在的现实问题，也是对现有代表性传承人认定和管理办法的完善与补充。

4. 遵循新时代非遗保护需求

非遗内容的多样性，决定其在社会生活中具有包括历史文化、精神情感、审美情操、道德教育和经济效益等多重文化功能和价值。在国家实施新时代发展战略背景下，非遗自然而然地肩负着时代使命。作为非遗的重要构成，民俗类非遗项目的保护、传承和发展工作，要以整体性思维，尊重非遗持有者的主体性态度，遵循民俗发展演变规律，密切结合当下的时代需求和具体实践展开。浦江县"杭坪摆祭"是全县最大的民俗活动，该项活动的开展实践，呈现出所在地方政府与村民之间的良好协作关系。对于摆祭活动，镇政府自身定位为服务者角色，专心做好后勤服务工作；摆祭的费用筹措、人员邀约、活动流程等具体事务，均由杭坪村当值的厅堂负责。在新时代乡村振兴的背景下，杭坪摆祭活动依然兴盛，不仅发挥了民间组织自治力量，更在推动建设和谐乡村、文化乡村、文旅融合上发挥了积极作用。换言之，民俗活动的实践、传承和保护，应以当地民众为主，同时兼顾各相关主体的协商、沟通和交流，才可以实现民俗活动的良性传承和整体保护。

5. 拓展民俗类活动的传播途径

民俗类非遗项目，更强调在地性、时间性和族群性，节庆、庙会等民俗类非遗对外传播影响力和外来者的关注度相对较低。但只有扩大民俗类非遗项目的传播影响，才能加深大众对民俗文化的认知、理解和认同。当下，非遗传播主要通过展馆的传统展示、活动展演和旅游市场上的文化产品销售等形式进行，同时，互联网和新媒体的现代大众传播也逐渐成为扩大民俗类非遗项目传播的重要手段。但需要注意的是，民俗类非遗项目的对外传播，需要与本土传承有效结合起来，形成民俗遗产社区内外的广泛传播，才能更好地激发民俗类非遗项目的活力和传续力。

每一项民俗类非遗项目，都是一个相对自足的体系，有其自身传承、发展的规律与内在逻辑。因此，民俗类非遗项目在新时代的传承、发展和保护应该秉持这样的意识理念和工作逻辑，即尊重民俗文化的发展演化规律，尊重民俗文化遗产持有者的主体地位，同时协调好包括政府、专业工作者（机构）、学者之间的关系，在确保其内核不被改变的前提下，进行适当地调整创新。这样，民俗类非遗才能健康存续和良好发展，未来可期。◈

参考文献：

[1] 陈勤建. 共同的文化记忆和历史遗产——关注地域民俗圈非遗项目联动综合保护 [J]. 中国木偶皮影，2013（2）：35—36.

[2] 钱永平. 我国非遗名录制度实施规范的改进研究 [J]. 文化遗产，2020（3）：1—9.

[3] 刘魁立. 非物质文化遗产的时代命运 [A]. "大匠至心"非遗传承发展杭州沙龙（2020）叙录 [C]. 杭州：浙江古籍出版社，2020：7.

[4] 王霄冰. 民俗文化的遗产化、本真性和传承主体问题：以浙江衢州"九华立春祭"为中心的考察 [J]. 民俗研究，2012（6）：112—122.

《保护非物质文化遗产公约》的精神构成与中国实践（续）*

高丙中

四、从费孝通先生的16字箴言来理解非物质文化遗产保护

费先生在1990年12月提出了跨文化交流的"各美其美，美人之美，美美与共，天下大同"[3]16字箴言，其内涵与后来国际社会形成的关于非遗保护的理念是非常贴近的。费先生的概括既体现了中国传统的思想智慧，也体现了人类文化的当代问题与可能前景，其中包含的交流机制与非遗保护的人类大业是息息相通的。

把费先生的思想放到非遗概念在国际社会确立的时间脉络里来介绍，是要破除一种把非遗单纯或单独看作外部引入理念的说法。非物质文化遗产是作为一个外来概念被引介进来的，但是非遗保护的理念与实践是一个中国与世界内外契合、配合的产物。具体说来包括以下三点。

第一，跨文化交往，首先是"各美其美"。对于自己，要有文化自信。不是盲目的文化自信，而是基于文化自觉的洗礼之后的文化自信，敢于承认"自己的"文化。做到这一点其实并不容易。近代以来，中国大范围否定自己的文化之后，已经丧失了承认自己的文化能够代表自己的勇气和智慧。如果没有非遗保护的契机，是难以在国家层面正式承认妈祖信俗、黄陵祭典、成吉思汗陵祭典是代表我们的文化的。能够各美其美，《保护非物质文化遗产公约》（以下简称《公约》）所强调的代表机制才能够启动，确认什么人群由什么文化所代表，申报程序才能够开始。

第二，要做到"美人之美"，这并不容易。在传统时代，人们常常因为差异觉得自己或自己的民族好，觉得别人与己不同是可笑的，是应该被贬低的。《公约》则强调要促进对社群非物质文化遗产的承认与尊重，促进地方、国家和国际社会的文化群体之间的相互欣赏。

第三，要"美美与共"，即人类文化的共享。非物质文化遗产就是善用了文化作为非物质现象的共享性。比如民歌，如果有更多人会唱特定的一首歌，会影响谁的利益吗？非物质文化遗产当中所蕴含的知识、技能，即便所有人都学会了也没有失去什么，还会因共享而增值，比如开展生产性保护，可以让这个项目有更好的美誉度，让产品更易出售。若果真如此，就离中国古典理想所表达的大同世界不远了。

各美其美，是传统时代人们的心性，说自家好，找他人家的毛病，通过贬低别人，显得自己更正确，让自己更受尊重。这也就是传统上自我信心支撑技巧。民族的相处也是这样，每个民族都在讲其他民族的笑话，这是群体相处的自然状态。但是，现在的问题是经过现代化的长期冲击，有许多民族、许多地方、许多社群不会或不敢自我肯定，不敢真诚表达真正代表自己的文化。这是遭受现代意识形态或文化的限制打压之后的状态。民间社会各美其美的能力被削弱了，很多民族不能很自信地把自己好的东西呈现出来。所以有时候从非遗保护的工作来说，文化工作者还要去帮助、去推动，跟当地人一起配合，启发他们发现什么东西是能代表当事人自己的文化项目，发现、启发特定民族各美其美的能力。

正是因为有各美其美，才能有文化自觉，这两个东西是捆绑在一起的。在《公约》第二条的定义部分就突出了"自视"的优越性，指出非物质文化遗产指被各社区、群体，有时是

* 本文是在中央文化管理干部学院（2016年10月24日下午）的同名讲座的整理稿。感谢荣书琴、杨洪林、户晓辉等同人在讲座安排和文稿整理中的帮助。

作者简介：高丙中，北京师范大学非物质文化遗产研究与发展中心教授，北京大学社会学系博士生导师，中国音乐学院博士生导师，中南民族大学特聘教授，中国民族学会、中国世界民族学会、中国人类学民族学研究会会长，联合国教科文组织二类机构亚太非会副物质文化遗产教育培训中心管理委员会委员，国家社会科学基金（艺术类）重大课题"基层综合性文化服务中心建设理论与实践研究"首席专家。

个人，视为其文化遗产组成部分的各个社会实践。这个"自视"是自己要认识自己，不然的话这个非遗保护工作就没法开始了。所以说文化的实践者要有自我认识，有了这个认识就有了第一步。从民族民间文化的角度来说，自己大胆地肯定自己并非那么容易，如陕西的黄陵祭祀既是中国传统时代的一种国家祭典的惯例，在民间也有很深厚的信仰基础，但是现代史学的古史辨兴起后，黄帝被从历史上否定了，加上意识形态的进一步否定，它被认作伪历史、假信仰，自然就不能存在了。改革开放后的三十多年，黄陵的民间信仰和地方祭典逐渐恢复，也不断扩大规模，但是社会并不承认它是代表性文化，直到现在才把它认定为国家非物质文化遗产，这个过程是一波三折的。黄帝陵祭祀，能够在现场和媒体传播中表达最广泛的中华文化认同，这是十分有价值的社会结合的方式，它是在心理上建构中国社会认同的方式，因而是一种积极的力量。

美人之美，就是相互欣赏、相互尊重，在《公约》中是作为保护工作的目标来讲的，促进社群非物质文化遗产的承认，促进各族群、非政府组织的参与，都是基于美人之美。

美美与共，这个目标也只有非遗保护的理念和操作设计才能够达到。非遗保护，不能止步于你的文化还是你的，我的文化还是我的。非遗保护的工程一定要做到你的文化成为我们大家的文化，尤其从多民族的意义上说。比如，原来这个是苗族的，那个是土家族的，而非物质文化遗产理念进来之后，它们在分别是苗族、土家族文化遗产的同时，还都是"我们共同的"文化遗产。

你的变成我们的，当然我的也愿意变成我们的，这个时候是美美与共，彼此契合。非遗保护就是要解决特定传承人群的文化与共享的文化之间的转化关系。没有非遗保护的理念和逻辑，文化变成大家的，那就是文化持有者吃亏了。但是现在变成大家的以后，对持有者个人更有价值，其所在的社会、民族也获得了一项共有的文化代表。非物质文化遗产在从个人的东西变成公共东西的时候，它的整个价值，不管是精神价值还是可交易的、潜在的商业价值都是增加的。所有参与进来的人，既贡献了某个东西，又得到了更多的东西。

非物质文化遗产的思维模式、思维方法就特别适合我们这个时期的人类社会。我们长期以

来有太多争斗，而非遗的概念与操作包含新的逻辑、新的价值观，用这种新的方法来促使所有参与者一起体认这样的理念；因为你的参与，让对方多得到了，你也得到了以前根本没有的东西。对于有些人来说是无中生有，对于有些人来说是以一当十。这种思想正是这个时代所需要的，而文化工作正在树立这个宝贵的理念。

五、中国的非物质文化遗产保护与《保护非物质文化遗产公约》精神的践行

目前，中国投入重金来保护非物质文化遗产，所取得的效应还难以估算，但非物质文化遗产保护在中国受重视，可以说帮中国解决了一个大问题。中国取得今天的成就很不容易，社会、政治、经济的成就是在曲折的发展道路上艰难取得的，留下的问题不比解决的问题更少或更小。中国是后发现代化国家，因为落后挨了打，这才急于革新，通过从外部向内部、从上面向下面灌输危机意识的方式推动着民众往前走。为快速追赶先进国家，进行了对原有社会予以全盘否定的思想革命、政治革命、文化革命、社会革命，形成了一个精英正确的模式：老百姓受旧思想、旧习俗的束缚，不可能是对的，必须接受精英的教育，完全改造自己。在近一个世纪对社会文化、民间文化的否定、批判中，已形成了超稳定的内部生态，很难改变。要改变这个局面，一定要有外来因素打破已有的平衡。当然，这些年在基层社会的各种传统文化复兴，各地以经济建设的名义，在政治正确的口号下打造地方文化的努力，都在慢慢改变社会文化、民间文化不被承认的局面。如果没有这些基础条件，非物质文化遗产理念的引入也不一定能够解决问题。这个问题原来由社会在自发地缓慢解决中，但是没有一个历史的契机，就没有历史的转机。而非遗保护理念的引入，给了中国一个机会，聪明的中国人抓住了这个机会。所以，非物质文化遗产概念的引入、普及形成新的集体意识和公共选择，正帮助中国渡过对社会的文化否定所造成的现代困境。

非遗保护虽然是落实在具体的项目上，但是非遗保护带给社会的非遗思维对社会更具有治疗和救助的作用。非遗保护的理念将慢慢让人们养成不一样的看问题、看他人的眼光，尤其是促使人们以新的方式看待私利、看待斗争。非遗思维超越了新与旧、现代与传统、私与公的对立思维，而更具亲和包容与共享理念。包

容和共享，在文化领域里面是最容易做到的。

非遗的传承人与被代表的公众之间的典范关系是：别人和你共享，你不会损失什么，而会得到更多。非遗项目是具体的，也有所属；被命名为非遗代表性项目之后，就因为一个抽象的名称而引发了公众的认同，这个抽象的名称帮人们建立了一种基于物的亲和关系，这就是可以参与体验的文化共享。更多的人参与进来共享，传承人并不损失什么。所以非遗项目的保护在整个实施过程中能够兼顾各种各样的利益与关切，如国际的参与、国家利益、私人商业利益、公众利益、个人的名利，都可以各得其所，尽管具体案例中的竞争与利益争夺在所难免。但是，非遗项目能够发挥文化的特性，更主要的功能是让人更加亲和，实现超越私人利益之上的共同分享。

中国在近现代经历了太久、太多的斗争锻炼，从中又产生了不少妨碍现代社会发展的价值观与行为方式，今天的社会仍然深受其苦，深遭其害。非遗概念进入人们的生活，让人们有机会通过文化在社会培育合作的理念，习得合作与共享的心性。从这个意义上讲，非物质文化遗产让人们用不同的方式解决问题，使斗争优先的社会变成合作优先，发现相互欣赏就能得到更多。这不容易落实到生活当中，但是在文化里面就相对容易实现。

中国的非物质文化遗产保护如何体现联合国文件的精神？这是必须回答的问题。如果把人权的内容看作是普通人获得尊重的机会，让普通人更广泛地受到尊重，那么整个非遗保护的目的就是要达到这个目标。非物质文化遗产保护在中国作为社会运动展开，是不是增加了社会中普通人受尊重的机会？和世界上任何国家的非遗保护相比，中国普通老百姓因此受尊重的机会得到了极其显著的提高。从极端的例子看，非遗保护项目对很多穷乡僻壤的老奶奶的文化技艺进行肯定，给予荣誉，也给予一些医疗和经济的照顾，让他们从中真正地得到了关怀、自信、尊重。那么非遗代表作的命名极大地改观了这种局面。虽然不能说这些问题全部解决了，但是它最起码选择了那些比较突出的项目，承认了它们作为国家文化遗产的地位，也非常明显地增加了民众受尊重的机会。

人权的核心理念，让人人受尊重，这种思想观念的形成正是这些年在中国开展非物质文化遗产保护的一个实际效果，确确实实起到了推动性作用。在这一点上，非物质文化遗产保护的中国实践跟联合国系统的主旨精神是完全相通的。

非物质文化遗产保护在中国解决的最大一个问题，是重视民间大众的文化，重视社会文化，由此让这些普通人在实践文化形式的时候，不受贬低，而是被承认、被尊重。这正是对联合国系列文件所支持的《公约》精神的实践，是一种深具中国特色的实践，社会由此学习从相互斗争走向相互欣赏、相互合作，非遗保护成为社会运动，把这个趋势大大地推进了一步。

六、结语

总而言之，加入并积极参与《公约》的相关活动，确实使中国社会从中受益。可以设问，非遗保护在国内的推动给我们带来了什么？笔者认为最重要的是，非遗保护成为国家的一项公共文化工作，"四级名录体系"大范围地确认了普通老百姓日常生活的内容是共同体的公共文化，改变了近代以来彻底否认"社会中的文化"的局面。从五四新文化运动以来，中国建立了一个有利于激进运动的文化体系，这个体系的特点是强调文化从上面来（很多时候就是从外面来），否定民众生活当中的文化，在这些文化一时不能杜绝的情况下，就说它们是旧文化、落后的文化，不允许它们公开践行。非遗保护是对民间文化，也就是来自生活中的民众文化的肯定，在非遗代表作名录体系基本建立和整体性保护原则得到贯彻的情况下，是对代表作项目所依附的生活文化在整体上的肯定，并宣示要尽力创造一切条件让这些项目能够完整地传承下去。这种态度可是近代以来的第一次。一些按照近代以来的逻辑绝对不能够接受或容忍的文化，因为具有中国文化的某种代表性特征或广泛的群众基础，也能够在国际社会的非遗语境下成为国家正式承认的文化遗产。在这个过程中，中国通过非遗保护的社会运动把"社会中的文化"的位置摆正了，通过文化遗产项目的立项过程把人跟人之间相互尊重的关系、政府跟老百姓的关系摆正了。承认社会的基本文化是具有法定地位的公共文化，这才是走向真正的现代社会的一个正途。❖

参考文献：

［3］费孝通.反思·对话·文化自觉［J］.北京大学学报，1997（3）：15—22.

传统手工艺类非遗与高校工艺美术教育融合发展策略研究

王月月

理论研究

Theoretical Study

摘　要：传统手工艺类非物质文化遗产是人们手工技艺代代传承的活态遗存，具有重要的文化价值、科学价值、艺术价值、经济价值，如今却陷入青黄不接的濒危境地。高校工艺美术专业历经拆分、取消或更名的多番波折，重返教育视野。文章通过分析二者融合发展的可行性、必要性，认为传统手工艺类非遗应从理论教育和实践教育两方面全方位融入高校工艺美术教育，从而实现工艺美术教育的本土化、传统技艺与现代设计的交融化，在弘扬和传承传统手工艺类非遗的同时，逐渐形成具有中国特色的高校工艺美术教育体系。

关键词：传统手工艺非遗；工艺美术教育；融合发展；高等教育

自21世纪初加入联合国教科文组织《保护非物质文化遗产公约》以来，中国非物质文化遗产保护事业逐渐发展。保护非物质文化遗产之所以重要，是因为它是我国特定发展阶段的历史印记，是全面认知我国古代社会历史的重要补充，是中华优秀传统文化的重要组成部分。传统手工技艺凝结着大量的历史文化信息，表征着一个民族的文明历史以及在造物领域达到的历史高度，[1]代表着人们手工技艺代代传承的活态遗存，具有重要的文化价值、科学价值、艺术价值、经济价值。高校作为非物质文化遗产的重要传承单位，在其工艺美术教育渐趋艺术化、西方化的趋势下，有机地融入传统手工艺类非遗教育内容，有助于高校工艺美术教育的本土化、传统技艺与现代设计的交融化，从而形成具有中国特色的工艺美术教育体系。

一、融合发展的可行性

传统手工艺是由民间艺人代代相传而传承下来的以手工制作为特点、制品兼具实用性和审美性的手工劳动。工艺美术的实践活动在中国虽古已有之，但其作为专业教育是近代以来由国外引入的，发展至今历经衰微到振兴。传统手工艺与工艺美术二者的技艺特征在本质上具有相通性，二者融合发展既是文化传承的内在要求，也是提高工艺美术教育质量的应有之义。

1. 传统手工艺类非遗面临后继乏人的传承困境

传统手工艺的传承危机是在内因和外因的综合作用下形成的。就传统手工艺自身特征而言，最初的工艺技术是围绕人们的衣食住行，为了解决生存问题而进行的造物活动，人们主要依靠"手"，并借助一定的工具对原材料进行加工，从而改变其物体形态以满足人们的需求，通过家族传承、师徒传承等传承模式沿袭至今，成为独特的活态传承形式。然而，随着现代科技的发展，人们无需亲自参与手工制作也能通过消费活动满足基本生活需求，因此于当代社会而言，人们缺乏手工劳动的动力。就外部社会环境而言，随着社会老龄化进程的加快，非遗传承人群也不可避免地存在老龄化的现象。该现象受多种因素影响，有传承意愿的年轻人由于悟性不高、经验不足、性别差异等因素而导致难以掌握核心技艺；传承意愿较低的年轻人则受当代生活方式、生计方式、审美观念等方面的影响，不再将拜师学艺作为主要的谋生方式，加剧了传承人老龄化、后继乏人的现状。

2. 工艺美术教育随时代潮流变化坎坷发展

"工艺美术"是一个舶来词，清朝末年由留洋青年学子将其概念及专业教育引进中国。清朝末年，以图画、手工或工艺为名的工艺美术或设计艺术教育在公办及私立学校中开始设置。

基金项目：本文系国家社会科学基金艺术学重大项目"新时代中国工艺美术发展策略研究"（编号20ZD08）子课题"新时代工艺美术传承与教育规律研究"阶段成果。

作者简介：王月月，山东工艺美术学院艺术人类学研究所讲师，历史学博士。

20世纪初，从日本引入的工艺美术、图案等词汇初步形成了约定俗成的称谓。在中国近代学校美术教育的产生和发展中，"工艺"和"美术"逐渐结合使用。20世纪50年代，随着新中国成立，多所学校设立了实用美术科或工艺美术科，工艺美术得到了复兴和发展。20世纪60年代，随着《高等学校通用专业目录》（1963年）的设置，其中"艺术部分"下设"工艺美术"专业，"工艺美术"在高等教育史上正式成为专业教育概念。1987年，《普通高等学校社会科学本科专业目录》中的"艺术类"设立了"工艺美术历史及理论专业"，其他实践性较强的专业独立设置，从而将工艺美术史论与实践创作相区分。在研究生培养阶段，根据《高等学校和科研机构授予博士和硕士学位的学科、专业目录（试行草案）》（1983年）和《授予博士、硕士学位和培养研究生的学科、专业目录》（1990年），工艺美术所属的艺术学归于"文学"门类。而《授予博士、硕士学位和培养研究生的学科、专业目录》（1997年）中，二级学科"设计艺术学"取代了"工艺美术学"和"工艺美术设计"。直至2012年《普通高等学校本科专业目录》中，"工艺美术"这一专业名称重新出现。[2]由此可见，"工艺美术专业"受时代潮流的影响，历经拆分、取消或更名的多番波折，最终重新回到教育视野。

3. 传统手工艺与工艺美术教育融合的可能性

传统手工艺类非遗之所以能够与工艺美术教育相融合，主要在于传统手工艺与工艺美术在技艺本质上具有相通性。二者的融合发展能够通过互补实现双赢，对于工艺美术教育而言，传统手工艺的融入有利于丰富其教学资源；对于传统手工艺类非遗而言，工艺美术教育通过培养后继人才有利于促进传统手工艺的当代传承。

一是两者的技艺特征在本质上具有相通性。从概念上看，传统手工艺是指由民间艺人代代相传而流传下来的以手工制作为特点、制品兼具实用性和审美性的手工劳动；工艺美术是一种造型艺术，包括特种工艺、艺用纺织、工艺绘画、民间工艺、编结工艺、图书装帧、工艺书法等类别。两者都包括手工技艺的技能运用，注重实用性、审美性。因此，传统手工艺具备融入工艺美术教学的技艺特性。

二是传统手工艺能够丰富工艺美术教育的教学资源。传统手工艺作为世代流传的优秀技

能，将其传承发展史、核心技能纳入工艺美术专业的理论教学及实践操作中，能促进其文化价值转变为教学价值，丰富工艺美术专业的教学资源。而且，地方特色传统手工艺的有机融入也有利于打造工艺美术专业的特色课程，进而成为区别于同类院校的品牌课程。在工艺美术注重现代艺术创作的时代背景下，传统手工艺的融入有利于拓展现有的课程体系，使工艺美术专业成为兼具传统文化内涵与现代创意设计的特色专业。

三是工艺美术教育能够促进传统手工艺的当代传承。传统手工艺能够延续至今，关键在于传承人群的薪尽火传。高校学生作为文化传承重要的后继人才，接受优秀传统文化教育对促进文化的传承具有重要意义。高校将传统手工艺的理论知识、实践技能、传承人引入工艺美术教育，能够加深学生对非遗的认知和理解，调动学生学习非遗的兴趣，激发学生的文化自觉和文化自信。

二、融合发展的必要性

将传统手工艺类非遗融入工艺美术教育体系，是响应振兴传统工艺的政策需求，是推动传统工艺融入现代生活的经济需求，是弘扬中华民族优秀传统文化的文化诉求。

1. 响应振兴传统工艺的政策需求

《中国传统工艺振兴计划》（以下简称《计划》）对传统工艺的学校教育提出了指导性建议。《计划》对高校传统工艺相关专业及课程建设、代表性传承人参与学校教学、高校等科研机构开展相关研究等方面都提出了指导性意见。[3]《关于推动传统工艺高质量传承发展的通知》在建设高素质传承人才队伍方面鼓励高校、职校开设传统工艺相关专业及课程。[4]因此，从国家政策层面看，振兴传统工艺既能弘扬中华优秀传统文化，又能切实带动地方经济发展，但受缺乏高素质传承人才队伍所限，未能更好地实现。从专业教育层面看，当前我国现行"学科专业目录"中，尚无"传统工艺"专业，与之接近的本科专业为"工艺美术""非物质文化遗产保护"，专科专业为"工艺美术品设计"，而其中的"非物质文化遗产保护"专业更偏重非物质文化遗产所有类别的整体性保护，在理论教学和实践教学方面不及"工艺美术"类专业可行性强。因此，将传统手工艺类非遗融入工艺美术教育体系，是高校响应传统工艺振兴、

高质量传承发展政策的重要举措，是发挥高校服务地方社会经济发展职能的重要体现。

2. 推动传统工艺融入现代生活的经济需求

传统手工艺类非遗能够直接产生经济效益，可以有条件地将工艺文化资源转化为文化生产力产生经济效益，也有利于非遗的保护与发展。因此，传统工艺美术具有重要的产业价值。[5]《关于进一步加强非物质文化遗产保护工作的意见》《中国传统工艺振兴计划》等相关系列政策都突出了传统工艺在现代生活中的可利用性，强调其具有的内在经济价值。当前，消费市场上充斥着大量工业流水制品，虽价位低廉但其审美性不足以满足消费者日益增长的文化水平。然而，工艺美术行业当前存在重审美轻实用、以欧美审美观念为主导的现状，且所售产品价位偏高，同样难以满足多数消费者的需求。总之，工艺品消费市场上的工业制品价位低、重实用、轻设计，手工制品价位高、重设计、轻实用，难以更好地融入现代生活。

如何推动传统工艺融入现代生活，人才资源是关键。传统工艺融入现代生活不仅是传承人的义务，也是后继人才的义务。高校学生群体作为重要的后继人才，将所学的传统工艺知识创新性地融入创意设计工艺美术产品中，是助力传统工艺融入现代生活的重要储备力量。因此，高校工艺美术专业在培养人才方面，应当立足中国社会文化需求，借鉴国际传统工艺教育传承经验，让学生在熟练掌握中国传统工艺知识谱系及技能的基础上，深入挖掘传统工艺的经济价值，在一定程度上补救当前工艺美术偏重审美性的现状，让工艺美术重新回到"为生活而设计"的本质上来。

3. 弘扬中华民族优秀传统文化的文化诉求

传统手工艺类非遗传承历史悠久，其物质载体成为技艺的重要表现形式，并作为重要的文物被各级各类博物馆收藏；其核心技艺则通过传承人世代相传，在多种文化空间形式中活态传承。因此，传统手工艺类非遗无论从时间维度，还是空间维度，或是物质载体上，都具有鲜明的遗产特征。中国的传统手工艺已经传承了上千年，虽然有部分技艺随着社会的变迁已湮没在历史长河中，但也保存了大量的优秀技能，比如传统建筑营造技艺、金属锻造技艺、漆器髹饰技艺等。为了保存、保护优秀的非物质文化遗产，我国国务院发布了五批国家级非物质文化遗产代表性项目名录，其中民间美术

和传统技艺与工艺美术密切相关的非遗类别也得到了名录保护。

如前所述，随着社会老龄化进程的加快，非遗代表性传承人群也渐趋老龄化。许多传统手工艺的主要传承人群为中老年人，如织布、染布、刺绣、制作服饰等，由于年轻人常年外出，他们的这些手艺难以有时间传授给下一代，面对这种传承困境传承人群往往有心无力。因此，高校将传统手工艺类非遗融入工艺美术专业教学体系，有利于青年群体弘扬和传承中华优秀传统文化。高校利用其教育资源优势，开设相关的理论及实践课程，培养既能传承传统技艺又能创新设计的复合型人才，是弘扬和传承中华优秀传统文化的文化诉求。

三、融合发展的理论教育

目前，部分高校已开设传统工艺美术教育，如山东工艺美术学院工艺美术专业纤维染织设计方向，以"传统文化的传承发展"为指导思想，在课程设计方面突出传统染织技艺的理论及实践课程。然而，将传统手工艺融入高校工艺美术教育的高校数量仍然十分有限，需要继续探索如何加强理论知识学习，以及如何深化理论研究。

1. 传统手工艺理论知识与工艺美术课程相融合

在专业课程的学生培养方面，高校应将传统手工艺知识融入工艺美术培养方案及课程体系。高校应在现有工艺美术专业培养方案的基础上加以完善，丰富理论教学、实践教学的培养内容，适当增加专业必修课、专业基础课、专业选修课等学习内容，从顶层设计层面提高对传统工艺的重视程度。目前，传统手工艺的相关学术著作已出版多部，既有历史溯源的，也有地域性项目的，以及当代创新性发展与创造性转化的。高校应结合自身实际情况，选择合适的学术成果纳入课程教学资源，或组织相关专业教师编写校教材，形成校内特色课程，以完善传统手工艺类非遗资源的知识体系，构建完整的教学体系，使学生熟悉并掌握传统手工艺的基础知识，理解其当代价值。以山东工艺美术学院工艺美术专业纤维染织设计方向为例，该专业将传统染织工艺的发展史、核心技艺、染织种类、原材料、传统图案、传统色彩等知识融入"传统染色工艺与设计"课程中，让学生在充分了解染织技艺的来龙去脉后，发

现染织技艺的魅力，在作品设计中有机融入传统元素，促进传统手工艺的创造性转化。

2. 传承人群继续教育与工艺美术教育相融合

想要做好传承人群的继续教育，需要高校积极履行研培义务。一是高校有义务依托工艺美术专业，开办传承人研修班，提升传承人的非遗知识水平、开拓设计视野。从多年开办代表性传承人研习计划的效果来看，研习班在促进传统手工艺创新性传承方面具有重要作用。当然，技艺精湛的普通传承人也应纳入该研习计划中来，改变其"边缘群体"的尴尬处境，使他们也能够积极、主动地融入研习班，享受知识盛宴，让更多的优秀民间艺人能够有机会参与该计划，使该计划的受益范围扩大至整个优秀的传承人群体，使更多的传承人群能够通过培训，深化对传统工艺美术的认知，提高传承传统手工艺的文化自觉，接受现代设计知识的同时开拓个人的设计视野，促进传统手工艺的创造性转化、创新性发展。例如文化和旅游部在上海大学上海公共艺术协同创新中心设立的上海大学传统工艺工作站，定期开办竹艺、苗族银饰锻造、木雕、染织绣等研修班，促进传承人与设计师、研究生的深入交流，帮助传承人撬开传统技艺与现代工艺美术的融合点，实现传统手工艺的跨界设计。[6]二是除开办研修班外，高校还应针对传承人群开放工艺美术专业的学历教育。非遗传承人群普遍老龄化，且学历水平不高，其技艺大多是通过口传心授、经验积累而来，未接受过系统的工艺美术教育。因此，高校应根据传承人群的年龄特点、学历水平，面向传承群体推出学历教育培养方案，使传承群体在提升教育层次的基础上，深化对传统手工艺及现代工艺设计的认知，为他们的艺术创作提供更多的灵感来源。

3. 深化理论研究与工艺美术教学资源相融合

教改研究应与课堂教学密切相关，前者可为完善课堂教学提供意见和建议，后者可为前者提供课题探讨来源。理论研究可以转化为教学资源，丰富课堂教学内容，提高课堂教学质量。因此，课题研究与课堂教学并非是平行线而是互为补充。课题研究方面，工艺美术专业相关课题大多设在国家社科基金艺术学项目之下，据笔者统计，国家社科基金艺术学项目2022年共计立项237项，其中工艺美术相关的有23项，占比仅9.7%。高校应出台激励措施，鼓励相关专业教师积极申报各级各类与工艺美术相关的课题，以课题为引领，深化传统工艺美术研究，将课题研究成果有机地转化为工艺美术专业教学资源，增加本校工艺美术专业的理论深度。教材出版方面，目前关于传统手工艺、工艺美术的学术著作较多，但很多著作不适宜直接作为教材使用，对于工艺美术专业人才的培养价值较弱。高校应积极组织相关专业教师编写教材，充实传统手工艺与工艺美术相融合的教材体系，不仅能为本校提供教学资源，也能为全国同类院校添砖加瓦。

四、融合发展的实践教育

服务社会经济是高校的重要任务之一。产学研协同创新是当前推动社会经济发展的重要推手之一。高校不仅可以开设传统工艺类非遗课程传播理论知识，而且可以利用其智库优势通过创作实践助力创意经济的发展。笔者认为，高校可在课程实践、传承实践、设计实践三个维度，探索传统工艺文化与工艺美术教育的融合路径。

1. 课程实践：调整实践课程内容，完善课程体系

高校现有的工艺美术专业课程体系中较少设有传统手工艺类的实践教学课，今后应根据实际情况增加或调整实践课的教学内容，修改培养方案，完善课程体系。一是调整实践课程教学内容。现有实践课程以现代设计为主，缺乏传统手工艺元素。高校应修改培养方案，增加传统手工技能的实践课程，制定一套集传统与现代手工技能于一体的特色课程体系。同时，高校应鼓励教师积极地将传统手工艺实践活动转化为课程教学资源。二是开展课堂实践教学。传统手工艺的技艺传承需要口传心授的动手实践，而高校工艺美术专业都设有一定比例的实践课，因而高校可以聘请非遗传承人在实践课堂任教，手把手地传授学生技艺。三是组织专业实践活动，进行专业考察。社会课堂是传播知识的第二课堂。高校应积极组织开展工艺美术专业学生的社会考察活动，定期前往传统手工艺类非遗项目的传承地实地考察，与非遗项目近距离接触，综合理解传承项目的产生环境、传承现状，激发传承优秀手工艺的社会责任感。

2. 传承实践：聘传承人任教，提高学生专业技能

加强与传统技艺、传统美术传承人的联系，

可聘请传承人教授实践课程，这有利于提高学生的手工技能，为培养后继人才做准备。全国各地较早地开展了基础教育阶段"非遗进校园"的活动。与中小学唤醒青少年传承优秀传统文化意识不同，高校能够通过开设专业、通识课程、选修课程等途径，接过技艺传承的接力棒成为后继人才的主要培养基地。如贵阳人文科技学院定期开展中华优秀传统文化研习课（通识课），邀请国家级代表性传承人杨光成、县级传承人李春英教授枫香染、苗绣等传统手工艺，培养后继者。

高校工艺美术专业教师大都接受过系统的学历教育，且所学工艺美术知识体系多为西方教育，善于传授学生现代工艺美术理论知识。而传统手工艺代表性传承人传承了历史悠久的传统文化，且经过多年的技艺经验积累，操作实践能力较为优异，能够与高校专业教师形成互补之力。高校将传统手工艺人邀请进校园，能够让工艺美术专业的学生近距离地学习传承人的手艺，深化对传统手工艺的认识和理解，提高学生个人的技艺水平。

虽然当前部分高校已经聘请了一些各级代表性传承人进行授课，然而目前仍未形成体系化的引进流程、规章制度，各学校在课程设置、课酬方面也都有较大的差异。基于此，政府主管部门及相关部门应当出台相应的规章，以便各高校执行有据，既能保证代表性传承人的权益，也能保证代表性传承人教师群体的相对稳定。

3.设计实践：产学研一体化，发挥服务社会经济职能

当前工艺美术行业面临着多方面的困境，如因传统工艺美术的遗失而产生的文化趋同现象，[7]过于追求精美化等。造成这种现象的重要原因是行业内未能较好地把握创意的尺度，缺乏创意则趋同，创意过度则会脱离实用功能。高校作为设计人才的培养高地，应加强工艺美术专业的设计教育，使学生深刻理解传统设计理念，熟练掌握现代设计思维，在现代设计中汲取传统工艺的创意元素，做好传统工艺与现代设计的衔接教育。高校作为人才资源的集聚地，在服务社会经济发展中发挥着特殊的作用。因此，高校应积极寻求与工艺美术类企业建立长期的合作关系，邀请企业参与学生的联合培养，以实习或毕业后入职的形式参与企业手工艺品的设计与生产，提高产品的孵化能力，促进产学研一体化发展。[8]高校为工艺美术类企业输送有传统手工艺爱好者的实习生，企业则通过高校实习生解决一定的传承困难问题，从而实现双赢。

五、结语

弘扬和传承中华优秀传统文化是高校落实其立德树人根本任务的重要基础。传统手工艺类非物质文化遗产是中华优秀传统文化的重要组成部分，然而目前也面临着代表性传承人老龄化严重、人亡艺绝的濒危窘况。针对现状，国家政府部门出台了系列政策以振兴传统工艺，其中包括后继人才的培养问题。工艺美术作为高校学历教育的专业，其学科归属、专业名称几经变化，该现象也反映了专业实力的薄弱性。因此，将传统工艺这类优秀传统文化融入工艺美术教育，符合文化保护的时代诉求，符合文化创新的时代潮流，符合高等教育专业创新的发展趋势。在传统文化与现代设计交流与碰撞的时代背景下，高校工艺美术教育引入传统手工艺，让高校学生在履行弘扬传统文化义务的同时，也拓宽了个人的设计视野，提升了专业技能，有利于早日形成具有中国特色的工艺美术教育体系。❖

参考文献：

［1］吕品田.重振手工　激活民俗——中国非物质文化遗产保护研究文集［C］.北京：文化艺术出版社，2021：59.

［2］唐家路.工艺美术学科专业回顾及其学科重建［J］.济南大学学报，2020（3）：26—34.

［3］中国政府网.国务院办公厅关于转发文化部等部门中国传统工艺振兴计划的通知（国办发［2017］25号）［EB/OL］.http://www.gov.cn/zhengce/content/2017-03-24/content_5180388.htm，2017-03-24.

［4］中国政府网.文化和旅游部、教育部、科技部、工业和信息化部、国家民委、财政部、人力资源社会保障部、商务部、国家知识产权局、国家乡村振兴局关于推动传统工艺高质量传承发展的通知（文旅非遗发［2022］72号）［EB/OL］.http://www.gov.cn/zhengce/zhengceku/2022-06/28/content_5698287.htm，2022-06-23.

［5］［7］董占军.将传统工艺美术教育纳入国民教育体系的必要性与实践路径［J］.艺术探索，2022（3）：66—73.

［6］［8］王月月，段勇.从遗产到资源：传统手工艺类非遗的乡村角色研究——以贵州省为例［J］.东南文化，2022（5）：6—12.

传统漆艺与玉雕融合沿"一带一路"国家创新传播战略研究

——以广东漆艺与玉雕为例

余文星

摘 要： 阳江漆艺和广州玉雕作为广东地区的国家级非遗项目，蕴含着丰富的岭南文化，是中华民族文化的典型代表。它们在"海上丝绸之路"贸易中作为重要工艺品出口海外，展示和宣扬了中国传统工艺美术的艺术魅力。然而，当下广东漆艺和玉雕项目的发展面临着各种困境，需要寻求跨界融合，以谋求突破。两者的融合发展不仅能改革工艺，创造新的工艺作品，还能帮助它们突破自身局限，在已有基础上扩大对外传播的效果，进而实现文化"走出去"，向"一带一路"沿线国家和地区的民众展示中华文化魅力。

关键词： "一带一路"；漆艺；玉雕；融合；传播

2016 年，文化部、教育部在中国非物质文化遗产传承人研修研习培训计划中提出非遗"1+1"，即非遗传承人研修班学员之间的 1+1 合作，不同非遗项目在工艺、材料、文化上的融合。这种跨界融合是对传统工艺的分析、提炼、再造，可看作是传统工艺的一种全新的生存、创作、发展方式。大漆作为一种黏性很强的液体，可以附着在很多物体之上；美玉又有着圆润、细腻、瑰丽的特性，历经 8000 年从未断绝。漆玉这两种极具中国特色的传统工艺的融合，可以突破两种技艺传统的界限，在充分尊重传统、技艺、审美、文化的基础上，结合现代审美观念，创新创作手法，作为独具中国美学特色的漆玉作品，彰显了中国古代文人意趣，并以此为载体向"一带一路"沿线国家和地区传播中华文化。

在共建"一带一路"倡议的大格局下，传统工艺的融合在传承和发展的基础上还应面向海外，关注它们在"一带一路"沿线国家和地区的传播和影响。作为"海上丝绸之路"的起点，广东的粤绣、漆器、瓷器、玉雕等工艺产品一直沿着"海上丝绸之路"行销日韩、东南亚、欧洲各地，本地的传统手工技艺、创作材料、工艺文化受到海洋贸易 2000 多年的深远影响。因此，本文将以广东地区的漆玉融合为例，结合其他地区漆玉融合创作的案例，探讨中国漆玉融合的可行性及其向"一带一路"沿线国家和地区民众传播的可能性，找出漆玉融合发展、品牌推广的方式、方法，进而实现展示岭南文化乃至中华文化魅力的目的。

一、广东漆器和玉雕的起源和发展

广东的漆艺已经有 2000 多年的历史传统，其中阳江漆器始于明末清初，是中国漆器发展到成熟状态的一个地方流派。广东阳江漆器用料精良，工艺精到，品质优良。1936 年，广泰成生产的皮雕金漆盒在南洋国际货物赛会上获金质奖。抗日战争及解放战争时期，受连年战

基金项目： 本文系国家社会科学基金重大项目"中国东南海海洋史研究"（编号 19ZDA189）中国工艺美术学会工艺美术科研课题研究项目"基于民间珠宝镶嵌绝技的漆玉融合探索与品牌开发研究"（编号 CNACS2022-II-017），广东省江门市科技局基础与理论科学研究类科技计划项目"中国传统漆艺与玉雕融合沿'一带一路'国家创新传播战略研究"（编号 2020030100700005386）阶段性成果。

作者简介： 余文星，江门职业技术学院副教授，南通大学海洋文化资源研究院兼职教授，博士。

火的影响，阳江漆器处于萧条期，仅剩下广泰隆、老义和、广益成、利源隆、广隆等漆器坊和 17 家家庭作坊，从业人员仅有 40 多人。解放后，阳江漆器行业逐步恢复，并组成了国营漆器厂，生产规模逐步扩大，产品种类繁多，以出口为主。但是在 20 世纪 90 年代以后，阳江漆器急速衰落，漆器厂倒闭，行业落入萧条，职工大多转行。2011 年，阳江漆器髹饰技艺被列为第三批国家级非遗项目，阳江漆器的传承和保护进入了一个新的阶段。

广东的玉雕起源于新石器时期，商周至春秋战国时期初见规模，西汉时玉雕工艺已经达到了一个高峰。至清代道光年间，广东省的广州玉雕已成行成市，且出现了行会组织。广州玉雕长期受竹木牙雕工艺和东南亚文化的影响，是中国南派玉雕的代表。与庄重古朴的北派玉雕相比，广州玉雕典雅秀丽，轻灵飘逸，剔透玲珑，显示了岭南文化的特色。新中国成立初期，广州玉雕处于萧条期，以小作坊生产方式为主，大都是给商业户加工。随着国家社会主义改造，广州的玉雕生产户组成了合作社，从业人数越来越多，1965 年玉雕产品的产值猛升，产品以出口为主。20 世纪 80 年代，广州南方玉雕工艺厂根据国际市场的需求，调整产业结构，出口创汇。受国内外玉器市场形势变化的影响，传统玉雕工艺渐趋衰落，从业人员锐减，广州玉雕的保护迫在眉睫。经广东省广州市荔湾区的申报，广州玉雕于 2008 年入列国家第二批非遗项目名录。目前，广州已经成为我国玉器的主要产区和东南亚最大玉器批发集散地。

在当前的大工业生产下，广东传统漆艺、玉雕技艺都受到了巨大冲击，传统的造型设计、表现内容、生产方式已经不能完全满足人们的审美需要。为保护与传承这些传统手工艺，政府、高校、企业、传承人等各方提出了抢救性保护、生产性保护等措施，致力于在多方协作的基础上实现传统手工艺的传承和发展。

二、漆玉融合与创作实践

提升国家文化软实力的核心，在于对有中国特色和中华民族传统的优秀文化的发掘。从技艺融合角度开发广东的漆艺和玉雕，就是在两种技艺所共有的广东地域文化的基础上所做的一种

创新发掘。正如非遗"1+1"中所提出的，传统工艺之间的融合是材料的融合、工艺的融合、文化的融合，以物理材料为基础，以手工技艺为手段，以工艺品和文化的融合创造为目的。

大漆具有黏着性、呈色性、防水性、防腐性、耐高温等特性，愈用愈亮，千年不朽。大漆的红、黑两主色的搭配体现出一种具有东方气息的哲学精神和道的力量，与传统文化、审美、中国人的生活息息相关。美玉温润、细腻、不含杂质，敲击声舒畅，与中国传统文化中的"君子"品质有不解之缘。大漆和美玉光滑细腻、一软一硬，两种材料的合理搭配可以取长补短，肌理的交融给人以不同的审美感受，进而获得良好的艺术效果。

放眼当下艺术界和收藏市场，已经有工艺美术家在尝试大漆和美玉的结合，并取得了耳目一新的艺术效果。在 2017 年秋季拍卖会上，北京正道拍卖行展示了几件苏州玉雕名家殷建国的漆玉融合作品，独具特色，从中可以感受到漆器与玉雕融合的别样之美。作品《糖玉香筒》（图 1）是苏州玉雕名家殷建国与苏州漆艺名家谢震二人合璧之作，器型及玉质部分由殷建国操刀，漆器部分则由谢震负责。香筒两端是糖玉，颜色浓正，玉质尤为润泽。筒身为银胎，以菠萝漆技法，用天然漆制作出流光溢彩的气韵，色调亦为暗红色，与糖玉部分相互协调。这一成功的实践给广东漆玉的融合带来了实际范例，但漆玉的融合不仅是材料的简单累加，更是两种工艺的融合。

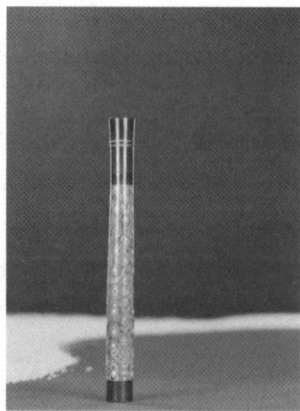

图 1　菠萝漆（犀皮）《糖玉香筒》

二十世纪七八十年代的阳江漆艺家具厂曾在髹漆家具上少量采用过雕刻和镶嵌的制作工

艺，以装饰生产的各种家具、生活器物。阳江漆艺历经20世纪的发展，不再局限于素髹和彩绘工艺，漆器制作的镶嵌技术可以将玉石、翡翠、珍珠、金、银、螺等材料镶嵌到漆器上，以螺钿镶嵌与百宝镶嵌为主。这一镶嵌技术可以运用到漆艺家具、茶具、酒具等生活用品的制作上，将大小、薄厚不一的玉石、翡翠配成山水、人物、楼台、花卉、鸟兽等图案，构成一幅小景山水、花鸟画，极具艺术特色。同区域的广式家具便很重视螺钿工艺，小到凳椅，大到床榻、柜橱，而且多为满钿，使之色彩更显富丽堂皇和奇妙典雅，别有一番民俗情趣。

除漆器外，漆玉的融合还可以体现在漆画的艺术创作上。阳江漆画以漆为画材，以红、黑两色为主色，在画布或漆器上展开创作。阳江漆画在创作时常用玉石、翡翠、蛋壳质料、铅丝等不同质地的色彩融入画作中，作为画面的点缀，这不仅可以丰富漆画色彩，也可以给作品带来材质独特、装饰性强的艺术效果。例如，阳江漆画工艺美术家陈英娟在作品《初夏》（图2）中将皲裂的蛋壳用于漆画创作，用蛋壳皲裂的美感配合多元漆艺的手法去塑造画面。中国工艺美术大师郑修钤作品《渔舟唱晚》（图3），结合蛋壳的肌理感营造出一幅月色朦胧、万顷碧波，渔民悠然自得载歌而归，渔船随波渐远的优美景象。

图2 漆画《初夏》

图3 漆画《渔舟唱晚》

在材料、技艺融合的基础上，漆和玉的融合更是两种工艺文化的融合。无论是以香道、茶器以及器皿为主要形式的漆玉器物，还是借用玉石、翡翠创作的漆画，背后都呈现着出神入化的手工技艺，蕴含着天人合一的工匠精神，彰显着岭南文化和中华文化的特色。2019年11月，中国工艺美术协会漆器专业委员会、玉器专业委员会等单位在北京燕京八绝艺术馆联合主办"运河文化　漆玉传情——中国漆器玉器珍品展"。该展展出了来自北京和扬州的漆器、玉器工艺美术行业的能工巧匠的近万件作品。漆器和玉器两个专业联合办展，给漆器界与玉器界的技术交流、文化交流提供了新的契机。不仅如此，漆玉的融合不单单是两者之间的融合，漆玉作品的创作还需要与现代环境艺术设计相结合，以不同的风格和形式融合到环境之中，突出漆玉的材质、技法，提升装饰环境的艺术品质。在此基础上，漆玉作品才能更好地获得文化认同和价值认同，在艺术品鉴和拍卖市场上获得更好的表现，并以此反哺漆艺、玉雕的发展。这种创新将是两种技艺的良性互动，会给漆艺、玉雕两种技艺的发展带来新的契机，相信也可以为其他传统工艺的跨界融合创新带来启示，为传统工艺保护与开发提供新的借鉴。

三、"一带一路"与广东漆玉的对外传播

"一带一路"对于我国非遗保护与开发而言，是一个体量庞大的文化交流和贸易网络，其关键在于提供了开放共享的供给渠道。[1]就广东的漆器、玉雕而言，"一带一路"为当下漆器、玉雕的出口贸易打开了"走出去"的窗口，给广府文化、岭南文化的传播架好了桥梁。在这一时代背景下，广州漆器、玉雕及漆玉融合作品不仅要享誉国内，还要沿着"一带一路"走向世界。

16世纪开始，从广州、泉州等港出发沿"海上丝绸之路"运往欧洲的陶瓷、丝织品、漆器及其他许多贵重物引起了欧洲广大群众的注意、好奇心与赞赏，这些工艺美术作品成为欧洲艺术家和普通民众效仿的范本和追捧的对象。18世纪兴起的"中国热"一直延续至19世纪上半叶，中华文明借着最后的余温，保持着作为先进文化、高势文化的地位影响着欧洲文化。

至清代末期，有些西方国家还在阳江设立商行，专事采购阳江漆器。新中国成立后成立的阳江漆器厂生产的漆器产品也以出口为主。相比较而言，广州玉雕的产业化发展较为成熟，产品在20世纪80年代已经出口日本、美国和东南亚的十多个国家和地区。

欧洲"中国热"，反映出艺术传播的认知、态度、行为的三个层次。从认知到态度再到行为，是一个效果的累积、深化和扩大的过程。"一带一路"沿线国家和地区的民众对广东漆器、玉雕的认知来源于互联网、文化博览会、国际非遗活动、工艺美术展等，这些信息引发他们产生了解和欣赏广东漆器和玉雕的兴趣。我国政府、行业、团体、传承人组织参与的非遗活动、文化节，促使各国民众审美意趣产生变化，让他们愿意来学习和体验漆艺和玉雕，进而可以使他们产生追捧的意愿。这些意愿最终可以通过消费工艺品、赴广东漆艺和玉雕非遗基地旅游等行动表达出来。在这一过程中，漆器、玉雕的艺术传播效果逐渐累积、扩大，不仅带来了一定的经济效益，还引起了"一带一路"沿线民众在漆器、玉雕审美意识上的共鸣，增加他们对漆文化、玉文化的认同。

以不同习俗、历史、价值观念等文化因素为基础而构建的相互包容的文化认知共同体系，正是影响"一带一路"倡议实施的重要力量。文化认同"需要塑造一个形象前后一致的'文化身份'，这是建立'命运共同体'的必要前提"[2]。所以，我们在看到"一带一路"为广东漆器、玉雕的出口提供契机的同时，也应该看到广东漆器、玉雕等工艺产品的文化消费带给"一带一路"沿线民众的文化认同——这既是对非遗的文化价值认同，也是以非遗为载体的文化身份的认同。[3] 绘有传统鸟兽、虫鱼、花草、树木图案和造型的广东漆器、玉雕、漆玉作品内嵌着我国传统文化元素，产品的出口可以加深外国消费者对中华文化的认同，降低国际社会对我国文化"走出去"的抵触。

四、结语

漆艺和玉雕两种非遗在材料、工艺上的融合能够摆脱传统漆艺、玉雕的束缚，营造新的视觉样式，给人带来耳目一新的审美感受，向人们展现作品所蕴含的两种工艺。在共建"一带一路"倡议的背景下，遵循非遗技艺传统并结合现代设计美学理念创作出来的漆器、玉雕、漆玉作品将会拥有更丰富的艺术价值和收藏价值，文化生命力也会更加旺盛，并伴随着产品的出口，向"一带一路"沿线国家和地区宣传漆玉文化，推动沿线国家和地区的文化认同。

参考文献：

［1］谢中元．"一带一路"建设与非物质文化遗产保护问题探论［J］．理论导刊，2017（7）：78—82.

［2］玛丽亚·切亚拉·赞尼尼，吉姆·托马斯·威廉姆·斯图曼．"一带一路"倡议：致力于打造文化认同的一项宏伟社会工程［J］．计奕译．欧洲研究，2015（6）：10—14.

［3］王媛，胡惠林．文化认同：非物质文化遗产存续发展的核心机制［J］．福建论坛，2014（10）：49—55.

新课标视域下二十四节气文化在小学语文教学中的实践研究

彭晓宁　　贺少雅

摘　要：二十四节气是基础教育可研究、可实践的文化资源。文章通过梳理现行统编版小学语文教材中的节气内容，发现教材中引入的节气知识体系具有全面性、序列性的特征。但节气文化教育的实践却因缺乏系统性的理论指导，而陷入随意化提取、零散化教学的困境。文章建议在新课标的引领下，从核心素养、学习情境、跨学科学习三个方面优化二十四节气文化融入小学语文教学的路径。

关键词：新课标；二十四节气；小学语文教材；教学实践

2019 年 9 月，统编版小学语文教材全面进入校园，这套教材引入大量的传统文化元素，对于落实立德树人的根本任务、实现语文课程育人价值有着显著作用。二十四节气作为中华优秀传统文化的代表，在教材中也多次出现，成为小学语文教学实践的重要组成部分。当前关于教材中二十四节气内容的研究主要分为两类：第一类是宏观把握传统文化，将节气作为其类别之一，这类研究侧重从理论角度出发，提出对传统文化教育实践的指导策略；第二类是对节气文化元素的整理与教育实践，这类研究站在教育实践的角度，通过对教材中节气内容的梳理，设计出校本课程可借鉴的结构。纵观现有研究成果，当前节气文化运用到小学语文教育的实践虽取得一定进展，但也存在一些不足，例如缺乏对二十四节气的整体性与复合性的关照，从一定程度上忽视了教材中分布的节气文化本身所具有的序列性等。随着新课标的发布，核心素养、学习情境、跨学科学习等概念被明确提出，只有全面认识节气的复合性以及教材中节气文化的序列性，才能更有效地将节气文化融入小学语文教育实践。

一、教材中的节气知识体系

二十四节气传承至今已有数千年的历史。

节气是人们在长期生产实践中通过对自然时令细致观察而总结出的客观规律，在指导农事生产与日常生活方面均起到至关重要的作用。[1] 同时，节气还蕴含了古人顺应天时、尊重自然的价值观，影响深远。现行统编版小学语文教材中编排了许多和二十四节气有关的内容，这些内容涵盖自然景观、日常生活、农业生产、气象环境等方面，还有部分反映了人与自然的关系。

1. 小学语文教材中的节气知识内容

笔者按照学段分类（1—2 年级为第一学段，3—4 年级为第二学段，5—6 年级为第三学段），对现行统编版小学语文教材中与二十四节气相关的内容进行梳理，并将这些内容暂分为"自然景观""日常生活""农业生产""气象环境""人与自然"五个大类。需要明确的是，除"二十四节气歌""数九歌"等与节气直接相关的内容外，涉及四季时令、气象环境、农事活动等广义节气范畴的也一并纳入，具体情况详见表 1。

表 1　小学语文教材中与节气相关的内容

年　级	课文目录		内　容
一年级上册	课文 1	秋天	秋天景色
	课文 4	四季	四季自然现象

项目基金：本文系农业农村部农村社会事业促进司、中国农业博物馆联合设立的 2021—2022 年度二十四节气保护传承研究课题"中小学二十四节气课程设计与实践研究"（编号 1222000080）阶段性成果。

作者简介：彭晓宁，北京理工大学附属实验学校小教二级教师；贺少雅，北京师范大学中国社会管理研究院 / 社会学院讲师，民俗学博士。

理论研究 Theoretical Study

非遗传承研究 2023 (2)

年级	课文目录	内 容
一年级上册	课文8 雨点儿	雨后景色
	课文12 雪地里的小画家	雪后景色
	课文14 小蜗牛	四季景色变化
	语文园地四 字词句运用	四季景色
一年级下册	识字1 春夏秋冬	四季景色
	课文4 四个太阳	四季景色
	课文12 古诗二首	《池上》《小池》
	语文园地一 日积月累	春天的词语
	语文园地二 日积月累	《春晓》
	语文园地六 识字加油站	夏天的词语
二年级上册	语文园地一 日积月累	《梅花》
	语文园地二 我爱阅读	《十二月花名歌》
	语文园地七 日积月累	《数九歌》
二年级下册	课文2 找春天	初春景色
	课文15 古诗二首	春夏季节景色
	语文园地一 我爱阅读	《笋芽儿》
	语文园地七 日积月累	《二十四节气歌》
三年级上册	6 秋天的雨	秋分之后的物候变化
	20 美丽的小兴安岭	四季景色
	语文园地二 词句段运用	四季景色的词语
	语文园地二 日积月累	秋天的词语
三年级下册	1 古诗三首	春夏季节景色
	语文园地八 日积月累	《大林寺桃花》
四年级下册	4 三月桃花水	桃花水和惊蛰
五年级上册	语文园地一 日积月累	《蝉》
	21 四季之美	四季景物
以上为"自然景观"相关部分		
一年级上册	语文园地八 和大人一起读	《春节童谣》
一年级下册	课文10 端午粽	端午时令饮食
三年级下册	9 古诗三首	《元日》《清明》《九月九日忆山东兄弟》
	综合性学习 中华传统节日	中华传统节日
六年级下册	1 北京的春节	春节与立春
	习作一 家乡的风俗	家乡习俗活动
以上为"日常生活"相关部分		

年级	课文目录	内 容
一年级上册	语文园地五 日积月累	《悯农（其二）》
二年级上册	识字4 田家四季歌	四季农业活动
四年级下册	1 古诗词三首	《四时田园杂兴》
五年级下册	语文园地七 日积月累	《乡村四月》
以上为"农业生产"相关部分		
一年级下册	语文园地一 识字加油站	有关天气的词语
	语文园地六 日积月累	有关天气的谚语
二年级上册	课文2 我是什么	水在自然界的不同形态
	语文园地七 字词句运用	有关天气的词语
二年级下册	课文16 雷雨	夏天雷雨现象
四年级上册	语文园地三 日积月累	有关天气的谚语
以上为"气象环境"相关部分		
四年级上册	口语交际 我们与环境	环境保护
六年级上册	18 只有一个地球	环境保护
以上为"人与自然"相关部分		

统编版小学语文教材中，一年级、二年级分为"识字"单元和"课文"单元，三年级起只有"课文"，表格中按照教材目录格式进行统一标注。

2. 节气知识内容的全面性与序列性

由表1可见，二十四节气相关内容在小学语文教材中的呈现具有分布全面性与编排序列性特征。

分布全面性，首先体现在小学阶段十二册语文教材上，每本书中都或多或少、直接或间接地存在与节气相关的知识。从关联度看，既有最明显、最直接相关的《二十四节气歌》，也有与冬至密切相关的《数九歌》和表现秋分之后物候变化现象的阅读链接《迁徙的季节》；除此之外，还有一些属于节气概念范畴但关联性相对较弱的如四季景色、物候变化，人们依时

理论研究 Theoretical Study

而行的生活习惯，以及探索人与自然关系的主题学习活动等。

其次体现在相关内容广泛地涉及节气这一复合性概念的多个方面。从古诗、儿歌等朗朗上口的文学形式彰显节气最本质的农事生产指导作用，到与传统节日相互映照，为日常生活赋予文化内涵，再到创世神话引导学生初步了解中国古人认识世界的方式，以及环保题材的课文、口语交际探究人与自然的关系，其中蕴含的天人合一的哲学理念也是以二十四节气为代表的传统文化发展至今所一脉相承的。

编排思路体现出由浅入深的序列性。根据皮亚杰认知发展阶段理论，第一学段的学生正处于由"前运算阶段"向"具体运算阶段"转变的关键时期，注重表面现象和个别特征，而教材在这一阶段安排的学习内容也侧重于对自然景观、物候变化的直接感知。第二、第三学段，学生的思维模式由形象思维逐渐向逻辑思维过渡，教材中自然景观的相关内容比重也相应地有所下降，转而更关注对日常生活的深度体验，以及对人与自然关系的探究与思考，尤其是"人与自然"方面的内容比重明显增加。这样的编排方式既符合学生的认知发展特点，也与新课标在不同学段的学习目标与要求相呼应。

二、节气文化在小学语文教育中的实践现状

随着2016年二十四节气成功列入人类非物质文化遗产代表作名录，国内掀起了一股"节气热"，许多中小学也抓住此机遇，结合各个相关学科研发课程，并做出一系列的尝试。就语文学科而言，与节气相关的教育实践既有充分依托教材而进行的课程整编，也有以自然时令为序所开展的主题文化活动。

1. 依托教材，课程整编

在日常教学实践中，教材是最基础的载体，依托教材进行的节气教育主要围绕以下三个角度展开。

第一，结合单册教材相关内容的直接拓展。例如河南省鹤壁市牟山小学结合教材中的自然时令，在不同季节带领学生拓展阅读朱自清的《春》、梁容若的《夏天里的成长》、郁达夫的《故都的秋》与《江南的冬景》，引导学生感受不同节气里的独特景观。又如淄博师范高等专科学校附属小学，在学习古诗《乡村四月》时讲解"祈蚕节"的由来和小满节气的习俗，并组织节气知识的专题讲座，通过研讨课的形式鼓励学生主动查阅、交流教材中的节气知识，为学生带来更丰富的学习体验。

第二，涵盖整套教材的校本课程整编。例如江苏省宿迁市穿城镇小学，已经形成了贯通整个小学阶段的"二十四节气"校本课程：第一学段，诵读教材中的古诗、童谣，落实感受自然之美的学习目标，并拓展学习相关节气的物候变化特征；第二学段，结合课文、习作开展多样化的自然观察活动，引导学生主动发现节气之美；第三学段，通过教材知识积累与地域文化探究活动，鼓励学生深入了解多样的节气风俗。这套课程根据不同学段课标的要求和学生认知水平设置有针对性的目标，体现了节气学习从直接感知到知识积累，再到情感体悟的渐进性。

第三，融合多个学科的活动课程设计。例如宿迁市穿城镇小学"秋分"一课，教师从科学角度介绍秋分的由来，从语文角度讲解农谚知识，带领学生诵读诗词，再融合美术、音乐、综合实践等学科元素，带领学生在"二十四节气歌"的音乐中走进秋的自然环境，从艺术角度鉴赏秋季美景。又如鹤壁市牟山小学开发编写的《时令之美——二十四节气之旅》一书，融合美术、科学等学科知识，以四季变化为时序，以"一诗一画一植物"为结构编写校本教材，兼具知识性与趣味性。浙江省慈溪市新浦镇中心小学，结合劳技课程安排，根据节气对农事活动的指导作用，开发"以农促劳：节气文化导向下的农事拓展课程建设与实践"行动研究项目，带领学生开荒建设农场，在深度体验种植的同时学习节气知识。实践中，该校将"农事活动"与语文、数学、英语、科学、综合实践、美术等学科进行资源整合，实现基于教材而又超越教材的理念，拓宽教育的广度和深度。[2]这样的活动课程不仅为学科融合提供了可借鉴的方向，也为学生的学习探究过程带来更生动有趣的体验。

2. 时令为序，开展主题活动

节气教育还可以充分利用现实资源，以活

动为主要的开展形式，强调学生的亲身经历，尝试将观察、整合、策划、展示等多种活动方式融入学习过程，引导学生在活动中体验、交流、探讨节气的知识与文化内涵。[3]例如，北京理工大学附属实验学校在春分节气开展竖蛋比赛，从科学的角度讲解昼夜平分的原理和校对度量衡的习俗；冬至节气，让学生在了解冬至文化内涵的基础上，设计创意"九九消寒图"，并尝试策划消寒图展览。又如新疆沙湾县第五小学，在春分、立夏等节气带领学生挖野菜、竖蛋、学煮五色粥，利用国学早读及语文课诵读节气诗词，分享节气指导下的日常生活，潜移默化地渗透传统文化内涵。以及淄博师范高等专科学校附属小学开设摄影大赛、绘画大赛、诗歌朗诵大赛，鼓励学生充分展示自己对节气的理解与体会。这类主题活动注重引导学生在学习过程中深度体验并产出成果，做到学以致用。

在小学阶段，教材中与二十四节气相关的内容既丰富又浅显易懂，且这些内容同时涵盖语文、数学、科学、美术、劳动技术等多个学科，因此，大部分学校在开发课程时，往往会选择以实践为导向、以活动为主要形式的校本系列课程或主题文化活动。其路径一般是先由学校根据学期计划、课程结构等需求安排课程，再由相应学科的老师分工合作，从教材中提取资料，设计跨学科的学习任务。总之，落脚点在于通过课程，培养学生对节气的认知与体悟。

三、节气文化教育面临的困境及原因

二十四节气文化涵盖自然物候、农事生产、日常生活、哲学观念等诸多方面，是一个复合的知识体系。因此，从原则上来讲，二十四节气校本课程的开发要综合考虑节气文化的育人价值，体现人、社会、自然的内在整合。

1. 教育实践面临的困境

目前小学阶段围绕语文学科的节气知识学习，或以语文为核心而展开的跨学科探究性活动设计已有诸多内容广泛、形式多样的实践尝试。但整体来看，一线教师在节气教育实践中仍存在两点不足：一是对于二十四节气的内涵认知和资源使用多呈现出零散化的特征，缺乏对教材中节气文化的深入探究和有效整合；二

是教学实践中容易忽略教材中节气文化本身的全面性与序列性。

2. 教育实践面临困境的原因

当前节气文化在小学语文教育中面临困境的主要原因有二：

其一，一线教师对节气文化的认知具有一定局限性。教师对节气知识的认知主要来自教材及其延伸，大多停留在第一学段的《二十四节气歌》《数九歌》《田家四季歌》等自然时令与农业生产活动，而缺乏对第二、第三学段探讨人与自然关系的理论储备。

其二，节气教育理论研究与教学实践的脱钩。学术界对于节气教育，或对节气本身的生成结构、历史源流与文化内涵做出解释，探讨节气参与到当代日常生活的路径；或从不同学科出发，讨论节气文化融入校园教育的方式和实践策略。而教学实践者则依据学校教学要求，先设计课程大纲，再细化教学思路，之后再去教材中提取相关内容，讨论节气融入基础教育的可行性与路径。学术研究者与教育实践者对于节气教育思路的差异，使得大量的理论研究难以为教育实践提供真实有效的支撑与指导。因此，学术研究与教学实践往往呈现出分裂的态势。

四、教学实践路径优化

2022年4月，教育部发布新修订的义务教育课程方案和语文等16个课程标准，要求全面落实立德树人根本任务，聚焦中国学生发展核心素养，培养学生适应未来发展的正确价值观、必备品格和关键能力。二十四节气作为涵盖天文气象、农业生产、人文社会等领域的综合性智慧成果，与新课标的课程理念与目标都十分契合，将二十四节气文化有机融入日常教学活动，各个学段也都可以从新课标中找到对应的学习要求。

1. 立足学生核心素养发展，提升节气文化教育的系统性

《义务教育语文课程标准（2022年版）》（以下简称"新课标"）强调立足学生核心素养发展，充分发挥语文课程育人功能。二十四节气是中华优秀传统文化的代表性成果，对于提升学生综合素养、培养学生文化自信有着显著

的作用。例如讲到《二十四节气歌》时，可以引入二十四节气的起源、发展以及成功申遗的文化背景，让学生了解中国古人的智慧以及中华优秀传统文化在国际上的影响力。

语言运用、思维能力和审美创造作为核心素养的组成部分，也可以通过二十四节气的相关内容来落实。第一学段的教材中有许多关于四季景观的识字类资源，且学习时间大多与自然季节相符，可以尝试把节气中的物候变化规律与识字学习建立起关联，既拓展语言运用的学习路径，也符合这一学段的学生侧重形象思维的认知发展特点。例如一年级下册《春夏秋冬》一课中的"春"字，学习这篇课文往往是在初春时节，可以结合此时草木萌生、阳光普照的时令特点来帮助学生理解字形。第二学段、第三学段涉及的节气文化则更为深入，可以引导学生探究、研讨节气的文化内涵，提升核心素养中的思维能力。例如四年级上册《我们与环境》一文，可以简单介绍中国哲学中利用阴阳二气此消彼长来理解时间的流转及其引发的自然变化，并由此安排社会生活，以实现人与自然和谐统一的观念，而二十四节气正是这种观念的外化形式之一。

2. 创设真实而富有意义的学习情境，凸显节气教育实践的延续性

新课标的课程理念指出，语文学习要以生活为基础，以语文实践活动为主线，引导学生在广阔的学习和生活情境中学语文、用语文，强调语文学习的情境性与实践性，并进一步在教学建议中提出创设真实而富有意义的学习情境，凸显语文学习的实践性。教育要面向未来，广泛地联系生活，培养学生解决生活情境中的"真问题"的关键能力。

与生活情境密切关联的学习内容，往往更能激发学生的求知热情，对于培养学生的思维能力也有着显著作用。二十四节气是中国人通过观察太阳周年运动而形成的时间知识与实践体系，来源于古人日积月累的生活经验。在教学活动中，将二十四节气与生活情境有效融合，有助于学生更深刻地感知节气之美，以及节气文化传承至今仍源源焕发的生命力。例如四年级下册《三月桃花水》，这篇文章语言优美，表达了作者对桃花水的喜爱与对春天的赞美。教

学中可以联系惊蛰节气"桃始华"的物候变化特征，鼓励学生走近大自然，捕捉课文中描写的桃花水场景，用相机、画笔等工具记录下来，在真实的生活情境中感受语文之美、节气之美，有效落实本单元的阅读要素。

教材中部分节气的相关内容在不同学段遥遥相呼应，设计学习活动时也要考虑到情境的延续性与纵深性。例如二年级上册《十二月花名歌》与五年级上册《四季之美》都描写了四季景物，又如一年级上册《春节童谣》、六年级下册《北京的春节》和习作《家乡的风俗》，都展现了与节气相关的风俗习惯。这些内容反映了节气与日常生活千丝万缕的联系，教学中可以引导学生将教材知识延伸到现实的生活体验，从自然时令和人文内涵两个维度体会节气作为日常生活指南的重要作用。虽然情境相似，但不同学段也要有所侧重。第一学段重在创设活泼有趣的学习氛围，激发学生的兴趣；第三学段则强调深度体验，要引导学生在情境中真实地探究、表达与交流。

3. 围绕语文学习任务群，开展跨学科学习活动

新课标指出，义务教育语文课程内容要以学习任务群组织与呈现。其中，"跨学科学习"作为拓展型学习任务群之一，打破了学科边界，拓宽了语文学习和运用领域。二十四节气的文化内涵丰富，兼具自然科学与人文科学的双重属性，是开展跨学科学习的理想素材。

随着学段由低到高，新课标对跨学科学习的内容要求也呈现出由浅入深的变化。其中与二十四节气相关的，第一学段有参与学校、社区举办的节日和风俗活动，留意身边的传统节日、风俗习惯等文化现象，感受和学习生活中的中华优秀传统文化。例如一年级《春节童谣》描述春节之前"忙年"的场景，可以在校园里设置由大寒到立春的虚拟时空转换，在不同的场景中融入节气知识，通过新春集市或寻宝打卡的活动形式，让学生了解节气与日常生活的紧密关联。又如二年级《数九歌》总结冬至后的物候变化规律，可以结合数学、美术等学科引入九九消寒图，体验古人的冬日生活。第二学段的学习内容要求关注传统节日节气、民俗风情。三年级综合性学习"中华传统节日"通

理论研究 Theoretical Study

过古诗、习作等方式，引导学生探究节日的由来演变、风俗活动、传说故事等文化表现形式，可以以语文学科为主导开展综合实践活动。例如学生自由分组选择感兴趣的节气，用本单元的学习方法自主探究相关知识，在学科教师的指导下通过习作、朗诵、连环画、歌曲等形式进行展演。第三学段的学习要求注重体验、感知、传承中华优秀传统文化，运用多种形式分享自己的经验与感受。例如五年级下册古诗《乡村四月》中的"才了桑蚕又插田"，可以结合科学课的养蚕经历，围绕小满节气养蚕缫丝的农事和祭拜蚕神的仪式活动开展劳动教育，引导学生体验、感知节气与日常生活的紧密关联。

可见，新课标对学生在传统文化方面的要求从以培养兴趣为主，到主动关注，再到深层次的体验、感知、传承与运用，是一个不断推进、逐层上升的过程，且在各个学段均有不同的侧重点。在教学中，教师既要明确本学段的具体目标，也要依托教材内容，设计以生活为基础的、符合学生认知水平的语文学习活动。

五、结语

新课标为二十四节气文化在小学语文教育中的实践提供了明确的方向引领，节气文化教育要走出困境，关键在于新课标背景下教师观念的更新。一方面，教师要明确新课标在强调核心素养、学习任务群、跨学科学习等方面的变化，厘清新课标与作为中华优秀传统文化代表性成果的二十四节气二者之间的契合点，有效落实课程理念与课程目标。另一方面，教师也应当认识到当前的节气文化教育实践缺乏一定理论研究为指导的现状，提升自身理论水平，全面认识节气文化的复合性，才能促进节气理论研究与教育实践的沟通对话。观念的更新是为了促进实践方式的转变，教师在教学实践中还需要从整体把握教材中节气相关内容的内在关联，尽快建立起从教材到教学，再从教学到课程体系的思维路径。总之，节气文化在小学语文教育中的实践，仍任重道远。◆

参考文献：

［1］萧放.传承二十四节气的价值与意义［J］.民间文化论坛，2017（1）：5.

［2］成雪君，卢群赞.节气文化导向下的农事拓展课程建设与实践［J］.人民教育，2019（10）：18—21.

［3］高卫欣.二十四节气校本课程的开发与实践策略［J］.甘肃教育，2017（22）：51.

云南洞经音乐功能谱系的建构及相关问题分析

胡　拓

摘　要： 目前，在云南各地洞经音乐的非遗申请中，强调差异性成了共识，但这种做法忽视了云南洞经音乐历史与现实中的同一性，不利于对其深入认知和有效保护。文章结合民俗学谱系学说，将洞经音乐按照功能的不同分为实用之乐与娱乐之乐两大类型，构建了云南洞经音乐的功能谱系，重点分析祈福禳灾之乐、民俗之乐、自娱之乐、他娱之乐等几种主要表现形式及特点，为全面分析云南洞经音乐的性质提供一种有益的探索，也为解决目前洞经音乐非遗申请中的相关现实问题提供一种新视角。

关键词： 洞经音乐；功能；谱系

关于云南洞经音乐和"洞经会"的性质，学术界迄今没有取得共识，这使得以"云南洞经音乐"作为一个整体未能有效申报各级非遗。只有其中的某些项目如妙善学女子洞经音乐、白沙细乐，通过弱化其性质，强化女性、纳西族等特点被收入国家级传统音乐类非物质文化遗产名录。目前，云南地区仅通海县洞经音乐、会泽县洞经音乐、昆明市洞经音乐以"洞经音乐"为名被共同收入云南省级非遗保护名录，纳西古乐则由于其内涵不清申报世界遗产失利。显然，为了提高通过率，强调差异是云南洞经音乐非遗申报中应当优先考虑的层面，但这种做法忽视了云南洞经音乐历史与现实中的同一性，不利于对其深入认知和有效保护。因此，民俗谱系学说对我们认识众多现存于云南各地的洞经音乐就具有了特别重要的意义，能够帮助我们深化对其整体性的认知。

云南洞经音乐的谱系建构对于把握洞经音乐的整体特点、全面认识其多样性及演变具有独特的价值。散落在云南各地的洞经音乐看似毫无次序，但在空间和文化上具有系统性。从地理空间来看，云南洞经音乐的传播范围呈现出线形分布形态，与茶马古道具有高度的重合性；从文化空间上看，地处藏彝走廊，多民族、多文化、多宗教的融合并存是洞经音乐流行区的主要特征。地理与文化上的系统性为我们建构云南洞经音乐的谱系奠定了天然基础。

我们将云南洞经音乐按照其功能分为实用之乐与娱乐之乐两大类型。实用之乐，其洞经演奏活动主要是为某一实用目的而举行的，可分为典祀之乐和民俗之乐。典祀之乐多用在官方或半官方场合，又可分为政治教化之乐与祈福禳灾之乐；民俗之乐多用于民间丧葬等民俗活动当中。娱乐之乐，其洞经演奏没有明确的目的，可分为娱神之乐和娱人之乐，娱人之乐又可分为自娱之乐与他娱之乐。

由于洞经功能的多样性以及洞经组织的综合性，这样分类显然会有一定的重复，比如，民俗之乐中祭祀、祈福也当是主要功能之一；自娱之乐中，政治教化也悄然融于音乐之中。但当我们将目光投射到每一个洞经会，每一场洞经演奏活动时，以上分类就具备极强的实用性。

一、祈福禳灾之乐

当前，各地在洞经音乐申请非遗过程中均强调与其他区域洞经音乐的不同，然而究其本源，早期云南洞经音乐的功能都是一致的。云南地区早期洞经会的建立以及洞经谈演活动主要是为了解决区域性的灾情而建立的，其目的是祈福禳灾，我们可从《民国石屏县志》第三十四卷辑录中清代石屏学者许邦寅的《洞经会序》[1]里查看到一些宝贵的资料。

作者简介： 胡拓，丽江师范高等专科学校副教授，华东师范大学汉语言文字学博士生。

其一，云南洞经音乐主要谈演的《大洞仙经》经文目的何在？按照许氏的观点，《大洞仙经》"尤灵异"，谈演《大洞仙经》经文可以做到"消四时之戾，召一方之和"，显然，洞经音乐不是为某一类群体的娱乐之用，而是为地方祈福禳灾之用。

其二，早期洞经会的建立是在国家权力推动下形成的，其组织活动具有官方保障，这也是后来一些洞经会下沉民间，参与到祭祀、送亡等民俗活动中时未受到官方打压，与民间淫祀不同的主要原因。

其三，洞经演奏不是佛道活动，洞经会显然也不是佛道组织。嘉庆年间石屏洞经会的这次驱疫是在建醮之外的禳灾活动，因此，洞经演奏不应是佛道活动，洞经会也不是佛道组织。

早期云南洞经音乐服务于官方，由当地名流士绅组织，为地方性的各类灾害进行祈福禳灾，这在昆明保庶学洞经会的建立中表现得尤为明显：

> 康熙己酉年（1669年）昆明大旱，洞经会在龙泉观祈雨，适获天降雨霖，洞经会名声大噪。当时的云南总督上表朝廷，奏请此事。康熙皇帝龙颜大悦，亲自御题"霖雨苍生保黎民众庶"。受到朝廷嘉奖，昆明洞经会受宠若惊，随即新成立一个洞经会，遂以此题意取名"保庶学"，会址设在小西门月城太乙庙，后来这座庙就成为保庶学的家庙。[2]

保庶学洞经会的建立，来自康熙年间昆明龙泉观的一场有组织的祈雨活动，这次活动成功后被当地政府当作重要的政绩。由此可见，保庶学洞经会从建立到其组织活动都深受官方意识的渗透。龙泉观祈雨，在民间人士的口传中还增加了前期寺观庙宇举办法会求雨无效等内容，充分反映了洞经演奏并不是宗教活动。

洞经会不是佛道组织的一种，洞经演奏也不是佛道仪式之一，谈演洞经最早是为了配合地方官府活动的，应为官祀之一。至今存留在昆明官渡古镇的《文明会大洞经坛碑记》记载：

> 嘉庆癸亥秋，疫疠频仍，吾乡不免

矣，乃请桂香会友谈经三昼夜，瘟风渐息。……于是踊跃从善者各捐囊橐，即延桂香会友教演诵习，阅四月而礼节乐和。建其会，曰"文明"。

据《文明会大洞经坛碑记》，官渡洞经组织"文明会"的建立起源于嘉庆年间的消疫去瘟活动，洞经谈演取得了极大成功，士绅阶层纷纷捐资入会。在抗日战争期间，昆明的十个洞经会组织了一场规模巨大的斋醮活动，纪念抗日战争期间被害的国人，活动历时半月之久，参与者逾万人，其影响之深远、参加人数之多，创洞经历史之最。

综上可见，祈福禳灾之乐是云南洞经音乐早期表现形式，云南洞经会从建立起就已经具备官方或半官方性质，它与纯粹的民间集会组织不同，拥有固定的演奏场所、充足的活动经费、严密的组织形式，并且要求非士绅不得入会。

二、自娱之乐

早期以祈福禳灾之乐为谈演对象的洞经会一经建立，在官方的推崇下，很快就受到各界人士的喜爱，洞经演奏也逐渐从官方走入民间，各地洞经会不断建立、发展、扩大。大理下关三元社，后来发展为三元会、和仁会、感应会、观音会、崇文会等八个会社；叶榆社，发展为叶榆社、尊圣会、洪仁会等五个会社。南涧更生社建立后，社里的几名成员分别到各村镇传授洞经，吉祥社、永生社、永和社等先后成立。目前，绝大部分洞经会已然消失，但在利用非遗项目促进旅游发展、非遗扶贫等目的下，由地方政府提供部分经费，少数洞经会已恢复活动，成为地方推动非遗申报的主力。

洞经演奏从服务官方走向服务民间，从城市到乡村，各地洞经组织纷纷建立，此时，云南洞经音乐开始进行转型。一方面，以文人雅士、商人士子为主的经社将洞经演奏转化为城市有闲阶层的非功利自娱之乐。顾彼德在《被遗忘的王国》中描述过在丽江富户家里举行的这种自娱性质的洞经音乐演奏活动，他评价道：

> 这音乐是经典的，永恒的。它是众神之乐，是一个安详、永久和平和和谐的国

度的音乐。对于不能领会的人们显得单调的话，那是因为他们的心情还没有达到应有的平静和安宁。[3]

在顾彼得的眼中，丽江古城这种自娱自乐的演奏是神圣的，举办者不仅提供场地，还热情款待演奏者和来宾，演奏者们无关乎名利，内心极度平静和安宁，只为领会自然的旋律和和谐。显然，在参加洞经会的地方官吏、名士、文人以及富贵人家子弟眼中，云南洞经音乐的演奏融入了自身的闲情逸致，谈演洞经已然成为自身阶层的一项社交活动，他们将其标榜为雅乐或古乐，显示其非功利性及精英性。至今，这种非功利性的自娱之乐依然保存，在此类洞经会中，其组织成员或平摊经费，或轮流做东，讨论好固定的时间，提供固定的场所，在设定好的时段内，成员们整日谈演洞经，彻底融入音乐的世界当中，甚至在一些职业化的洞经团体中依然保存着这一传统。[4]

三、民俗之乐

与文人雅士的雅乐或古乐相对应的同时，云南洞经音乐也开启了民间化的进程，也就是逐渐与日常民俗活动相结合。洞经音乐深入到民间婚丧嫁娶、节庆礼仪当中，在典祀、官方祈福禳灾场所演奏的洞经音乐转变为民俗之乐。民间化是云南各地洞经音乐形成差异的主要原因，这种差异正是今天妙善学女子洞经音乐、白沙细乐申报国家级非遗成功的重要因素。

民俗之乐的兴起，带来受众面的扩大，但随之而来的乱象也引起了有识之士的担忧。据《民国姚安县志》记载：

> 州境自明季以来士人立有文昌社（又名经社），歌诵《文昌大洞经》及诸佛道经，和之以乐，筝、琶、箫、管、钟、鼓之属悉具，其音节曲高下长短他郡异，即境内亦有互异者。……经社附设圣论坛，朔望及会期宣讲圣论、格言、因果。几于百家以上即有坛一所，末流至有降乩敛财之弊，则在淘汰革除之列。[5]

民俗之乐一经诞生就很快兴盛起来，到清末之际，其末流弊端丛生，为此遭到政府的打击。

在走向民间的过程中，民俗之乐也形成了自己的特点：

其一，从形式而言，民俗之乐淡化洞经音乐原先典雅、庄重的音乐色彩。民俗之乐中融入了许多民间喜闻乐见的形式，甚至于一些民间杂曲、小调也被引入其中，而这种曲调在自娱之乐中是绝不会被演奏的。在宗教兴盛地与少数民族地区，民俗之乐融入了当地的宗教特点与民族特色，如弥渡洞经音乐将佛道融合成为仪式的一种，宾川鸡足山边沙址洞经音乐加入《观音赞》《药师偈》《诸佛忏》等佛教乐曲，丽江洞经音乐融入了纳西族的民间演唱方式，形成"白沙细乐"。至此，云南洞经音乐的本土化最终形成。

其二，从人员构成而言，民俗之乐将洞经会成员复杂化、多元化。在早期的洞经会中，成员只允许城市中有功名的士绅阶层加入，僧道妇孺不能进入经堂，而以民俗之乐为主的洞经会，其成员几乎没有限制，手工业者、农民以及年轻人等均能参加。南涧洞经会还允许道教人员参与其中，通海张云涛、张家雄还通过传授女子谈演洞经，促使成立了妙善学女子洞经会。

其三，从洞经演奏场所而言，民俗之乐主要流行于乡村或城郊，深入参与到乡间的红白喜事，洞经演奏已然成为其成员的一种谋生手段。

其四，从洞经会的经费来看，以民俗之乐为演奏对象的民间洞经会，其活动经费主要以民间斋醮的经营性收入为主。

民俗之乐消解洞经音乐的神圣性，使之成为群众喜闻乐见的音乐形式，在典祀之乐与自娱之乐因为缺乏其存在的基础逐渐衰退后成为了洞经音乐的主要保存形式，在今天依然有其强大的适应性。

四、他娱之乐

当前，列入国家与云南省非遗项目名录的云南洞经音乐，一方面由于获得"护身符"，传承人、资金、措施不再缺乏，但另一方面与乡风民情间的联系却被割裂，成为一种他娱之乐。洞经音乐中的民俗之乐源于民间、兴于民间，因融入民间生活而源远流长、经久不衰，而他娱之乐却是一种背离其传统功能的存在，产生的时间并不长。

新中国建立以后，云南洞经音乐在主流意识的主导下要求与旧社会决裂，典祀之乐、自娱之乐被认为是精神鸦片，民俗之乐是封建迷信，均被禁止。洞经艺人被改造，明面上的洞经活动停止。此时，少部分洞经艺人被吸收进入官方组织，他们的洞经演奏由于为新社会服务的政治需要而取得合法的地位。政治汇演是这段时期洞经音乐的主要表现形式，但这种汇演活动不再是自娱活动，而是一种他娱活动，洞经音乐开始转变为一种有政治目的的他娱之乐。

他娱之乐极大地改变了云南洞经音乐的原有面貌。从形式上看，云南洞经音乐原先是边谈经边演奏，他娱之乐变为纯粹的展演活动，诵、讲、读、说等谈经环节取消，多样的科仪大幅度缩减，仅存音乐演奏。从时间上看，云南洞经音乐原先一场演奏要谈演十几种经文，整个活动需几天时间，他娱之乐缩减到一个半至两个小时，仪式的前奏、承接、转换等内容被删减，只留下骨干，其系统性大为削弱。

改革开放以来，特别是云南旅游产业的蓬勃发展之后，各地方政府纷纷将洞经演奏改造为一个旅游品牌，随着大规模广告式演出、申请非遗等政府活动不断推出，洞经音乐中的他娱之乐目前已经在市场上占据了主流地位。与1949 年以来的政治演出相比，现今的他娱之乐主要是将政治话语权转化为旅游话语权、商业话语权的展演。

显而易见，在他娱之乐中，源于商业目的的改造随处可见。我们从商业性比较突出的大研古乐会的一场展演实况来看：

> 笔者进会场时，乐会正在演奏"浪淘沙"，老人们身着长袍马褂，胡子花白，正襟危坐，怀抱乐器，有的闭着眼睛，有的神态自若……后面站立着四个年轻的女演员，手拿檀板，清歌宛转……那几个年轻女性的皎容与四周苍老的容颜形成了鲜明的对照，其婉转忧伤的唱腔与深沉庄严的古乐意境形成了一种独特别样的况味……[6]

在这场一个半小时的洞经演奏中，无论是古典意境的突出，还是普通话、纳西语、英语交叉的介绍，单口相声式的演说，都时刻体现出他娱之乐的商业改造。此外，还有众多年轻女性参与到洞经演奏中，这是以往从未有过的。他娱之乐兴起之前，学习演奏洞经从未有过女性参与，直至 20 世纪 40 年代，通海"妙善学"女子洞经会 18 位女子立志终身不嫁，方被允许登台演奏。他娱之乐兴起后，为了吸引眼球，达到商业性目的，女性参与洞经演奏的现象越来越多，各种洞经组织纷纷接收女性参与其中。原先被称为"三老音乐"（乐曲老、乐器老、演奏者老）的大研古乐会也不断走向年轻化与时尚化，笔者于 2022 年 7 月再一次到丽江古城听洞经演奏的时候，女性表演人员已经超过乐队的四分之一。

实际上，在商业色彩浓重的他娱之乐当中，这种改造无处不在。宣科就不无自豪地认为自己将丽江洞经音乐改造为纳西古乐是一种品牌意识，他认为：

> 纳西古乐也是如此，它是纳西化了的洞经音乐。纳西文化里有汉文化，纳西族音乐里有汉族音乐，是纳西化的，纳西族接受、传承、融合、改变了的文化。所以纳西古乐的提出，是尊重历史，符合历史实际，也是现实的要求。搞文化也好，搞产业也是如此，要有品牌意识，跟在人家后面，永远是学生。这怎么行呢？所以我们要理直气壮地打自己的文化品牌。纳西古乐叫得响，可以找钱，可以正名，至少我们乐队的老人乐手是自豪的，我们为什么不能自豪？它不只是丽江的品牌，也是云南的、中国的品牌，所以才会有今天的效益与名声。[6]

基于这种品牌化的观念，20 世纪 90 年代，宣科将丽江洞经音乐中原先以小众化形式存在的自娱之乐以纳西古乐的名字进行再造后推入市场。这种再造符合国家与地方发展的需要，加以政府推动，从而使纳西古乐、丽江古城、东巴文化成为丽江的三大文化名片。宣科的这

理论研究 Theoretical Study

种再造显然有其牟利的自身动机，但却形成了多赢的局面。

直至今天，洞经他娱之乐的再造依然在不断地进行。2022年3月，大研纳西古乐会推出宣科书房品牌，提供公益读书会、儿童文化手工沙龙、纳西传统点心制作、宋代点茶、儿童原创诗歌公益课堂、瑜伽课程、纳西古乐赏析会、丽江文化旅游研学课程等文化活动。2022年6月11日，源于法国的音乐盛典"夏至音乐日"在丽江开启首站演出，大研纳西古乐会第一次与法国摇滚音乐人合作演出由外国音乐人创作的曲目。

在商业的目的下，他娱之乐逐渐丧失云南洞经音乐原先的功能，开始成为一种仅有音乐形式的载体，承载着商品的符号。成功申遗的昆明洞经音乐、通海洞经音乐、会泽洞经音乐都已将自娱之乐转变为他娱之乐，参与各级广告性演出已经成为其主要活动形式，其商业再造活动也在逐步进行中，只是未有丽江洞经音乐的再造这样明显与突出。

五、结语

按照民俗谱系学说，我们将云南洞经音乐区分为实用之乐与娱乐之乐，是为了更好地从整体上来把握云南洞经音乐的各种存在形式。云南洞经音乐中祈福禳灾之乐、民俗之乐、自娱之乐、他娱之乐存在的形式及其特点，构成了云南洞经音乐的丰富形式。从功能角度出发，我们将云南洞经音乐的图谱逐一展开，能够将洞经的历史发展及其丰富事象更直观地表现出来。此外，云南洞经音乐的功能谱系也能更好地分析云南洞经音乐的现实及其发展问题，对解决目前云南洞经音乐非遗申请中存在的相关问题具有极强的操作性。以"纳西古乐"非遗申请失利及后来的学术之争来看，"纳西古

乐""丽江洞经音乐""白沙细乐"之间的内涵不清是一个不容忽略的因素。利用本文建构的功能谱系来分析，这三种之间的区分明显：纳西古乐是将自娱之乐改造后的他娱之乐；白沙细乐是民俗之乐，是纳西族化的洞经音乐；丽江洞经音乐应是包含"纳西古乐"和"白沙细乐"在内的上位概念，故"纳西古乐"与"白沙细乐"的演奏内容有大量的相似之处。云南洞经音乐的功能谱系对于目前"纳西古乐"申遗失利后带来的"污名化"及身份危机、重建丽江洞经音乐的文化认同具有极大的帮助。目前，四川已经将"洞经音乐（文昌洞经古乐）""洞经音乐（邛都洞经音乐）"两项申报成为国家级非遗项目，面对竞争，云南洞经音乐在今后的非遗申报中如何超越，本文建构的功能谱系或能提供一种新视角。❖

参考文献：

［1］袁嘉谷纂修.石屏县志（三）［M］//凤凰出版社编选.中国地方志集成·云南府县志辑（53）.南京：凤凰出版社，2009：180—182.

［2］陈复声.云南洞经古乐探秘［M］.昆明：云南教育出版社，2017：125.

［3］顾彼得.被遗忘的王国［M］.李茂春译.昆明：云南人民出版社，1992：271—272.

［4］杨曦帆.区域文化视野中的丽江洞经音乐［J］.宗教学研究，2002（2）：45—50.

［5］霍士廉修，由云龙纂.姚安县志（二）［M］//凤凰出版社编选.中国地方志集成·云南府县志辑（66）.南京：凤凰出版社，2009：196—197.

［6］杨杰宏.族群艺术的身份建构与表述——以丽江洞经音乐为研究个案［M］.北京：民族出版社，2015：177—182+191—192.

历史变迁下的音乐建构与文化传承

——以武家鼓吹乐棚为个案

杜 洋

摘 要： 武家鼓吹乐棚，活跃于黑龙江省大庆地区及周边省份，以吹奏乐为主，兼有打击乐，是融合相关民间技艺表现于一体的多种综合性表演形式共存的代表性民间鼓吹乐棚，于2021年被列入第五批国家级非遗代表性项目名录。随着城镇化、信息化、技术化不断侵染武家鼓吹乐棚的生存空间，使其保护传承问题相对突出。文章基于历史变迁下武家鼓吹乐棚非遗保护的发展走向，阐释武家鼓吹乐棚的音乐建构，审视武家鼓吹乐棚至今所面临的诸多现实性传承问题，结合对武家鼓吹乐棚的相关动态调查，深入地探讨武家鼓吹乐棚的文化传承。

关键词： 历史变迁；武家鼓吹乐棚；音乐建构；文化传承

音声是文化的表达，民间鼓吹乐棚作为传统音声的仪式符号，承载的内容始终是可以代表中华民族传统文化的一个重要文化记忆标识。武家鼓吹乐棚，主要铺散于草根民众之间，穿行于不同流域内历史文脉中的个别地区文化背景之中。黑龙江大庆地区保藏并存储了武家鼓吹乐棚的文化传统，在其生根、发展的历史渊源中不断融合了中国传统民间艺术技艺，成为其活的灵魂与纯粹的艺术精神的象征。

对依附于地方民俗文化而生存的武家鼓吹乐棚进行个案分析，实则是基于深入田野考察后对国家级传统音乐类非遗项目中的鼓吹乐在音乐梳理上所做出的理论性统计，更是对我国地方传统文化延续式探源考证的参考范例和有力说明。本文从武家鼓吹乐棚的音乐建构和文化传承这两个视角，对武家鼓吹乐棚的音乐内容加以建构，丰富了近些年对武家鼓吹乐棚近似空白的学术理论支撑，为武家鼓吹乐棚在大庆地区传统文化的历史变迁中寻找到恰如其分的探究位置，基于国家级非遗项目武家鼓吹乐棚的个案分析，也为深入研究中国汉族边缘地带民间鼓吹乐的特殊存在提供了不可多得的活体材料。

一、民间鼓吹乐棚

自秦汉以后，鼓吹乐之历史发展可谓源远流长。根据不同的区域划分，各地区对鼓吹乐所做出的民间定义亦有所不同。基于鼓吹乐在乐队组合称谓上的地域特色呈现，鼓吹乐的所属名称自然因所属区域的不同而存在一定程度上的差异。参考辽宁省传统音乐形式中的鼓吹乐，通常定义为"辽宁鼓乐"（第一批国家级非遗项目名录）；参考山东省以唢呐为主奏乐器的传统民间器乐合奏形式中的鼓吹乐，通常定义为"鲁西南鼓吹乐"（第一批国家级非遗项目名录）；参考河北省传统音乐形式中的鼓吹乐，通常定义为"河北鼓吹乐"（第一批国家级非遗项目名录）。在东北，尤以黑龙江省为主，无论是国家级非遗名录还是省级非遗名录中，总是能够看到参考我国其他诸多省份及地区以鼓吹乐而同等定义的"鼓吹乐棚"。因此，以地域作为参考，鼓吹乐的命名通常为"××鼓乐""××鼓吹乐""××鼓吹乐棚"。

地处我国东北地区的黑龙江省，其鼓吹乐的

基金项目： 本文系黑龙江省哲学社会科学规划项目"黑龙江流域少数民族音乐类'非遗'研究"（编号22YSC322）阶段性成果。

作者简介： 杜洋，成都师范学院音乐学院讲师，艺术学博士。

发展主要存在于黑龙江境内的城镇乡村，"经过民间艺人的传承发展和创作，逐渐形成了自己独特的风格"[1]。同我国其他区域对鼓吹乐的命名稍有区别，黑龙江流域内的民间鼓吹乐形式通常会被定义为"××鼓吹乐棚"。这些民间鼓吹乐棚主要分布于黑龙江省东部地区、中部地区以及南部地区等区域内，如黑龙江省大庆市肇州县的杨小班鼓吹乐棚（国家级非遗项目）、大庆市肇源县的武家鼓吹乐棚（国家级非遗项目）、哈尔滨双城区的吴家鼓吹乐棚（黑龙江省省级非遗项目）、牡丹江海林市吕氏鼓吹乐棚（黑龙江省省级非遗项目）等。黑龙江流域内现今活跃的民间鼓吹乐棚以其特有的鼓吹表演形式将鼓吹艺能与流域内人民的传统习俗融为一体，不仅在鼓吹乐棚中诠释了所属地域的民俗习惯，亦在民俗习惯中丰富了鼓吹乐棚的传承发展。

民间鼓吹乐棚，是以唢呐演奏为主，兼有打击乐器的鼓吹合奏形式，是在婚礼、葬礼、庆典仪式、宾客仪式、庆生等民俗活动中以搭棚的方式并采用鼓吹的艺术形态加以表达的音乐组织形式。时至今日，民间鼓吹乐棚的社会功能主要指向为以特定需求为主的服务功能，在满足雇主活动需要的同时，也可顺承鼓吹棚的民间存续。黑龙江省传统民间鼓吹乐棚，通常始于乡村，生根于乡村，并服务于乡村文化。活跃于黑龙江省的民间鼓吹乐棚，多源于山东鼓吹乐流派支系，在支系源流中流变传承、落地生根并发展至今。因鼓吹乐棚艺人较高的鼓吹艺能水准，家族式的民间鼓吹乐棚在几代传承人演奏艺能不断累积的过程中充分形成了使鼓吹乐棚能够在历史变迁中得以延续的演奏风格。纵使曲子相同，但经过不同传承艺人演奏方法和演奏技巧的特殊艺术处理之后，不同的民间鼓吹乐棚也有了不同的艺能解释。

二、鼓乐班：武家鼓吹乐棚

武家鼓吹乐棚，其活动区域主要分布于黑龙江省、辽宁省、吉林省及山东部分地区，以其专业的艺能表演形成了雅俗共赏、演奏效果极为丰富的鼓吹音乐风格，深受广大人民群众的喜爱。因有关四个级别（国家级、省级、市级、县级）遗产名录的项目分类，武家鼓吹乐棚先后经历了两次名称上的调整，由早期的北方武家民间鼓乐班调整至现在的武家鼓吹乐棚。"北方武家民间鼓乐班"2009年被县级名录收录、2012年被市级名录收录，"武家鼓吹乐棚"2013年被县级名录收录、2021年列为国家级名录。

林甸县历史悠久，温泉文化、满族文化、苇雕文化等充分建构了林甸县的文化图景。解析武家鼓吹乐棚历史沿革，可以从1912年开始追溯。1949年以后，林甸县先后隶属于黑龙江省嫩江地区、齐齐哈尔市、嫩江地区、齐齐哈尔市管辖，经国务院批准，1992年林甸县之属地被划归为大庆市管辖区域。辽金文化最早出现于林甸县的历史发展进程中，其中的文化积淀承载的是所属林甸县的复杂而多样的多民族历史文化形态，在文化形态的构建中与这一地区内的人文环境加以融合，便孕育出所属林甸县特有的传统民族民间音乐文化的表现形式。林甸县武家鼓吹乐棚属于典型的鼓吹世家，武家艺人擅长唢呐艺术吹奏，精通地方民俗礼俗，是林甸县及其周边城镇与村屯间一家较有名气的鼓乐班。

"武家鼓吹乐棚"项目第一代传承人武家成，早年上活于山东省一带，而后迁移至东北地区，其间先后历经吉林地区、安达市，最终落脚于大庆市林甸县。从山东省至东北地区的活动轨迹可以看出，武家鼓吹乐棚是在区域范围内不断完善了所属武家的鼓吹技艺，老一辈传承人个个都是鼓吹上活能手。武家鼓吹乐棚的传承史共计经历了六代传承人，当前传承的核心主力主要是第四代传承人和第五代传承人。第四代传承人武海军，4岁开始接触唢呐演奏，7岁开始跟着老辈传承人参与鼓吹上活。第五代传承人武迪，师从其父武海军。2020年9月16日，笔者在林甸县艺海艺术培训学校对武家鼓吹乐棚进行田野调研时，对第五代传承人武迪进行了深入访谈，正如他所讲："关于非遗技艺，我非常热爱，因为受老一辈的影响，这才是民族、民间的真东西。"2021年5月24日，国务院公布了第五批国家级非遗项目名录，大庆市林甸县的武家鼓吹乐棚被列入其中。

在漫长的岁月里，武家鼓吹乐棚总是活跃于黑龙江省大庆市及周边一些省份的民俗礼仪之中。口传心授一直是武家鼓吹乐棚音乐艺能唯一得以传承的方式，纵使是在无语言、无文字的传统传承方式的约束中艰难地完成着自家技艺的传承，武家鼓吹艺人仍是自立家门、自成门户地在武家家族内部积极而有序地开展着相关艺能的传承活动。当下，武家鼓吹乐棚的传承群体人数已达100余人，由此可见，众群体正积极参与到武家鼓吹乐棚的生存保护之中。

三、武家鼓吹乐棚的音乐建构

有关音乐建构的探讨，其内容实际上主要指向对音乐本体的关注与分析。武家鼓吹乐棚作为汉族传统民族民间民俗仪式音乐中被特殊化了的音乐符号的诠释，其建构框架中的音乐内涵总是可以呈现这一区域内的音乐文化体系。本文侧重武家鼓吹乐棚在一定历史时期发展中的音乐建构，分别就鼓吹乐棚的传统曲目、乐棚上活的乐器、乐棚上活曲谱三个方面分而陈之，主要是将武家鼓吹乐棚的音乐内容与林甸县建构的民俗仪式结合在一起，不仅可让武家鼓吹乐棚在区域环境内得到自身身份的满足，还可让武家鼓吹乐棚不断满足于区域环境内雇主的现实需求。由此，追问武家鼓吹乐棚音乐建构的基本问题，实际上是在用音乐本体理论的探讨范式对这一民间鼓乐班做音乐理论层面上的解释，在音乐的构筑中来了解武家鼓吹乐音乐体系所传达的传统特征，并且也是对传递这一家族族群技艺重要手段的符号式探讨。

1. 乐棚传统曲目

在林甸县周边广袤的村落中，鼓吹乐常用传统民间曲目较少会有系统而程式化的刻意安排。武家鼓吹乐棚之所以深受林甸县及其周边群众的欢迎，原因之一就是其鼓乐配置相对灵活，可根据雇主的上活需求来满足当时的仪式情境，三五位鼓吹艺人便可进行组合式演奏，充分说明了武家鼓吹乐棚上活的灵活性。上活演奏中，武家鼓吹乐棚常用的传统曲牌丰富多样，可将传统曲牌与现代曲牌充分结合，按照武家鼓吹艺人的行话来讲就是"点香就到、打鼓就来"。武家鼓吹乐棚，演奏的传统曲牌可优雅欢快、可庄严宁静，其打击乐演奏总是悦耳动听。武家鼓吹乐棚常用且广为流传的传统曲目既有古典悲曲，也有代表性民间传统曲牌，还有东北地区传统的秧歌调等，代表曲目如《哭皇子》《鸿雁落沙滩》《悲麋子》《水摸鱼》《一捧苏》等。

通常，武家鼓吹乐棚艺人会根据不同的民俗仪式而选用不同的传统曲目来进行演奏。演奏的传统曲目会根据雇用东家之所需，依据仪式内容诠释的特殊需要来合理布局，如在"红活"中常用的传统曲牌主要有《龙凤美》《句句

双》《小龙尾》等，为了更好地表现曲牌中的高潮部分，武家鼓吹艺人通常会在演奏中融入打击乐，辅以鼓扎子演奏；在"白活"中常用的传统曲牌主要有《哭皇天》《大悲调》《悲麋子》等。武家鼓吹乐棚演奏风格质朴爽朗，在百余年的历史长河中，不仅较好地诠释了传统曲牌的演奏，还创造了独属武家的传统曲牌，即《大地红》和《叫五鼓》。武家鼓吹艺人会根据家族师徒关系进行口传心授的传承，演奏曲目音乐风格多变且具有一定的即兴性，深得当地人的认可。

2. 乐棚乐器

诚如老百姓口中对武家鼓吹乐棚的评价一样：武家鼓吹乐棚就是老百姓的鼓乐班子"喇叭花"。因武家鼓吹乐棚喇叭演奏曲牌丰富，吹奏的曲目"花花"且好听，由此老百姓普遍认为武家鼓吹乐棚就是林甸县名副其实的"喇叭王"。传统东北汉族民间鼓吹乐棚在乐棚的乐器编制上通常划分为两大部分，一个是吹管乐棚乐器，另一个是打击乐棚乐器。通常，武家鼓吹乐棚的乐棚乐器演奏会根据雇佣东家的演奏场合及演奏形式来选择乐器上的合理搭配。武家鼓吹乐棚，分解其名称，即为武家、鼓和乐，是武家艺人将鼓与乐配合交融为一体的民间鼓吹乐棚。

理解武家鼓吹乐棚上活中的乐棚乐器"鼓"的涵义，主要指乐棚演奏使用的打击乐器，常有民间大鼓、花盆鼓、小鼓、堂鼓、皮鼓，同时辅以一些锣、钹、铙、镲等小件的打击乐器；而武家鼓吹乐棚上活中的乐棚乐器"乐"的涵义，主要是指乐棚演奏使用的吹奏乐器，以唢呐演奏为主，配以笙、管子、笛子、箫、琴等乐件构成。唢呐乐器作为武家鼓吹乐棚上活时必备且最重要的乐棚乐器，在演奏技法上注重强调泛音、垫音、花音、滑音等。武家鼓吹艺人常用的上活唢呐为东北大唢呐，分别有1.6尺、1.4尺、1尺、9寸等规格，唢呐内腔较大，音色圆润浑厚，可以充分表现出东北鼓乐鲜明的地域风格以及武家鼓吹艺人专业的音乐艺能演奏水平。

3. 乐棚曲谱

"音乐作为时间的艺术，具有转瞬即逝的特性。而乐谱，运用特殊符号的记录，将流动的、变化的、瞬间的声响凝固在纸张之中。"[2]基于武家鼓吹乐棚拥有百余年口传心授的传承现实，

其口传心授的传承过程总是在口头传统的强调中与武家鼓吹乐棚常用的上活乐棚曲谱便是在工尺谱的基础上建立了一个合理的角色位置。时至今日，我国各地的民间鼓吹乐棚在生存活动的探索过程中，每一位鼓吹艺人在传统艺能的强调上仍是在口口相传中探索着自家乐棚的传承曲谱。如今，武家鼓吹乐棚曲谱的传承早已由口传转变为口传与谱传相结合的方式，这样的传承方式既是武家传统艺能得以延续的缘由，更是历史变迁下文化迁移的时代产物。

关于武家鼓吹乐棚曲谱内容的口传，其早期的技艺表现方式是对武家鼓吹乐棚历史背景的叙述，口传中代表的是对武家鼓吹乐棚个性特征的描绘，为后面的谱传方式奠定了一定的基础。在历史长河中，武家鼓吹乐棚的曲谱传承为了更好地适应传承人后续传承工作的深入开展，传承人主动将口传形式充分运用特定技法并结合鼓吹乐可用的特殊符号，较为具象地将传承曲谱加以表述，以便于传承人对武家曲谱的认知，使武家鼓吹乐棚的演奏曲谱形成了一种物态化的曲谱传承方式。因此，当时的武家鼓吹乐棚既保留了口传的历史地位，也融合了现代的谱传方式，从传统艺能的记忆中去追踪乐棚曲谱的保存痕迹，为武家鼓吹乐技艺的传承与保护提供了可寻式的参考。

四、历史变迁下武家鼓吹乐棚的传承问题

传承，既是在国家层面以及个人层面的一种传递，也是在某一个体与某个群体层面之间的一种继承。尽管我国在保护本民族传统民间艺术技艺的工作中逐渐形成了民众间的文化保护与传承认同意识，且丰富多彩的艺术遗产的关注、探索、抢救、保护和传承等实践在历史走向中被不断强化，然而回归现实，仍有个别艺术类非遗项目会因诸多传承问题而陷入某些正面的生存危机之中。随着武家鼓吹乐棚被正式列入国家级非遗保护名录，关注度增加的同时，传承也面临着诸多问题，若要更好地直视历史变迁下遗产项目的生存与传承问题，就必须在了解武家鼓吹乐棚音乐建构和文化传承的基础上，进一步剖析保护传承过程中潜在的历史变迁问题、武家鼓吹艺能留存问题与武家传承的生存空间问题。只有深入探讨有关武家鼓吹乐棚的传承问题，才能够以科学的、发展的眼光来厘清其遗产艺能在现代文明冲击下的有效传承。

1. 历史变迁问题

受历史发展诸多条件的制约，不同的历史时期、不同人群总是更加渴望与之时代所适应的不同的艺术形式。在需求、审美、概念等前提的支配下，人们从形式本体与实践本体的视角出发总是会对个别艺术遗产项目存在一种依赖性。诸多艺术遗产项目存在于人类现实生活的特定情境之中，不只是在满足对特定生活情境的直接参与，更多的是在强调民俗及文化的直接诉求，就如武家鼓吹乐棚的存在一样。然而，当现代式的文化时代来临之际，民间艺术遗产得以接受的主流正在悄然发生改变，在现代艺术不断充斥的文化背景中，武家鼓吹乐棚在历史变迁中越来越难以找到自身可以得以延续的生存标志。时至今日，当我们探讨武家鼓吹乐棚的传承时，与之相关的传统的技艺言论已经过时，面对武家鼓吹乐棚艺术遗产的历史现实，需要以一种普遍性与适用性的视角来重新挖掘和阐释其具体的传承问题。武家鼓吹乐棚，在历史属性的归属中，其历史意义与早期的定义更多侧重的是其历史的实用性价值，而今天则是应该在实用中寻找更为纯粹的艺术传承。

2. 武家鼓吹艺能留存问题

与民俗紧密相连的民间鼓吹艺能得以延续的核心魅力就在于它们扎根于浓郁的乡土气息中，在鼓吹艺能的充分体现中总是可以感受到朴素而纯洁的艺能美以及真诚而质朴的且融于信仰仪式中的艺能情感。武家鼓吹艺能之所以能够以多种多样的艺能形式发展至今，其中固然是与其所服务的民间土壤以及特定区域内人民的现实民俗需求是分不开的。但是，随着历史变迁进程的加剧，文化变迁与民俗变迁随之而来，鼓吹艺能在民间信仰仪式中的核心功能被不断削弱，使武家鼓吹技艺在特定表演场合中被逐渐孤立与分化，其中的鼓吹技艺也是在不同历史时期的发展与支配下窘迫地生存着。因此，在对武家鼓吹乐棚进行田野考察、采集与记录工作的推进中，从遗产存储的角度来看，艺能的留存尚存在些许不足，武家鼓吹艺能需翻转传承观念、更新表演技能的基础认识，可于历史变迁中融合民俗信仰的需求而灵活操作，才能更好地应对武家鼓吹艺能留存带来的传承问题。

3. 武家传承人生存空间问题

武家传承人在长期的历史积淀与生产生活实践中，并基于民俗仪式建构的关系体系创造了丰富多彩的武家鼓吹乐棚遗产，这既是由山东地区到东北地区社会历史文化发展的有力见证，也是反映这一区域内武家鼓吹传承人精神的民间技艺资源。武家传承人，作为遗产得以传承和保护的直接践行者，尽管其中要处理的武家鼓吹乐棚的生存与发展的相关问题较多，尤为突出的便是传承人的生存空间问题。时代在变，人们的物质需求在变，屯村与城镇对民间鼓吹乐棚在民俗仪式背景中的参与需求也在发生变化，受制于多重文化背景空间性的转化，武家传承人的生存空间在慢慢变小。生存空间变小，直接指向了武家鼓乐班传承人的生存问题。传统民俗仪式的简化、老辈传承人的老龄化、晚辈传承人的现实生活需求等多重因素，都使得武家鼓吹乐棚区域仪式活动中的参与度日益下降。传承人生存空间在逐渐变小，随之整个鼓吹乐棚及其鼓吹传统艺能的生存便也进入了传承的恶性循环之中。

五、武家鼓吹乐棚的文化传承

在文化传承脉络中，武家鼓吹乐棚生存于历史仪式与民俗仪式之中，是与其周遭民众群体间的精神互动中产生互助互惠以及经济支撑供给的依托于家族经营为主体的、诠释鼓吹技艺艺能性质的鼓吹乐棚。生存于民间的武家鼓吹乐棚，由于其自身功能在同化与异化之间的来回转换，在不同的文化活动中通常演绎着不同的角色扮演，并在文化层次中往往表达着特定的内部文化分层。在历史文化的传承之中，在民俗文化的传承之中，在艺术文化的传承之中，武家鼓吹乐棚以其特有的文化选择与传承功能顺应当前文化发展的必然需求，于百余年的历史发展与变迁中，将唢呐、笙、管及打击乐器齐鸣相谐，作为文化象征体系中的特殊文化符号，建构了所属城镇与村屯间的各种民俗仪式中的文化内涵。

一种文化形式，始终影响着一定区域内的某种艺术存在。将武家鼓吹乐棚放置于传统的文化空间中加以探讨，其生存与发展总是会受到源自于自然、人文、传统、审美等因素的影响，而又综合表现于其文化传承的各个层面。武家鼓吹乐棚，被视为是社会历史发展价值体系下具体的音乐产物，是特色性文化语境中的音乐文化构成，是一个时代得以延续背景下最为真实的音乐文化镜像。因此，作为象征着音乐文化得以普遍认同的遗产表述，从承载与传承音乐文化的视角来看，武家鼓吹乐棚是与文化发展极为贴近的艺术承载形式。

1. 历史文化

无论是何种类别的非遗项目，总有其得以产生的特定历史条件，遗产项目的内容中蕴藏着丰富的历史文化，透过在时代流传中文化财富的流传与积累，可以从中更好地认识且了解当时的历史。武家鼓吹乐棚，是一个国家、一个民族在东北地区范围内历史性文化成就得以显现的重要标志。一定的文明造就了可以代表某一时期的某类文化，这一文化始终是可以在一定历史范围内有迹可循的。人类历史的发展无法脱离具体实证主义的参与，历史体系中的组织与秩序始终需要某种物证的出现。就像武家鼓吹乐棚，乐棚中优秀艺能技艺的留存与几代传承艺人的传承参与便是以历史的形式来探讨文化变迁与发展的意义。

从历史根源上来说，武家鼓吹乐棚是基于单个人的基础并融合一个家族丰富的创造力才得以在历史长河中世代传承的。武家遗产艺能中表现的民间性、口传性、活态性等艺术特点，可以较好地说明汉族民间鼓吹乐在不同历史时期内的民族历史与民族文化，积蓄的是由山东地区至东北地区迁移史中地方性历史文化的生动写照。通过武家鼓吹乐棚，可以了解到特定历史环境中的生产力发展水平，熟悉当时社会历史构成中的组织架构，认知当时民间鼓吹艺人生活的基本方式以及艺人与鼓乐之间的关系体系。可以说，对于武家鼓吹乐棚的历史形成，其形成环节中的种种因素无不充分诠释着当时特定的历史信息，蕴藏着丰富多彩的历史文化内容。

2. 民俗文化

民间鼓吹乐棚，由古至今，总是无法脱离其生存的风俗文化空间，鼓乐技艺内容中总是血浓于多彩的民俗文化，透过在传统文化中民众习惯的创造，可以更好地共享鼓乐在文化体系中得以约定俗成的生活方式。武家鼓吹乐棚，是群体与个体在东北地区范围内民俗文化形式表现的基础依据。认知武家鼓吹乐棚的民俗文化内涵，强调的是在一定历史时期不同人群基于群体性的传统理念，在文化习惯的继承前提下享受着这种民俗文化给生产与生活带来的既定与便捷。根植于民间而得以继续的武家鼓吹乐棚，由于其民间艺术的基本性质，使其成为民间礼俗文化体系中最有力的民俗代言。对于武家鼓吹乐棚来讲，乐棚在节日庆典、红白喜事等民俗活动中的参与和出席便是以民俗强调的方式来探讨武家鼓吹乐棚参与民俗文化活动中所留存的意义。

从民俗活动上来说，武家鼓吹乐棚是与区域性民间习俗紧密联系在一起的。纵使民俗活动是在广大人民群众的生产生活中依据特定场合而得以形成的一系列被定义为非物质的内容，但是基于民间鼓吹乐棚的物质形式，便使得民俗文化在鼓吹乐棚的载体中得到了可以持续性发展的活动空间。传统民俗活动常与人们的生活息息相关、紧密结合，武家鼓吹乐棚的演奏环境与活动参与均以民间各种民俗仪式为背景，恰巧是在民众的喜怒哀乐中可以找到乐棚生存与发展的依托。以鼓乐为载体的民俗文化从古至今已然在一定范围内悄然发生某种程度上的变化，而这些民俗文化本身却仍在人们的生活中被解释着。因民俗活动受众群体需求的改变，使得武家鼓吹乐棚在一定艺术文化的强调中得到了传播与延续，但是其中的技艺风格却因某种现实需要在发生着变化。因此，武家鼓吹乐棚不仅在传承武家鼓吹技艺，亦在参与民间民俗文化活动中寻求技艺的承续。

3. 艺术文化

古老的中国，基于典雅而神秘的东方神韵与世代炎黄子孙的聪明才智，一直在历史积淀中流传着祖国形形色色且有异于他国的本土艺术文化。武家鼓吹乐棚，是精神与内涵在东北地区范围内艺术文化民族关怀的长期积淀。武家鼓吹乐棚是以民间之声的形式来展现人民大众精神活动、文化内涵的直接符号，是作为传达情感形态的文化语言，是社会与文化的共生产物。六代艺人传承活动的开展，使得每位武家鼓吹艺人皆可在艺术技艺的表达中展示出乐棚不同阶段的艺能结果。武家鼓吹乐棚在满足大众主观与情感需求的同时，于迎合人们精神需要的把握中建构着所属武家鼓乐艺术文化的特殊表达方式。武家鼓吹艺术技能为更加广泛的大众所直接接受，是区域内各民族间进行精神文化交流的特殊桥梁。

对于武家鼓吹乐棚的艺人们来讲，不仅是通过这种鼓乐活动的形式来满足自身的物质需求，传承武家鼓乐的艺术技能更多的是为了使这一艺术内涵在区域文化得以沉淀的情绪积累中发挥出更强的感染力，即延续这一艺术形式中艺能的诸多方面。民间鼓吹乐历史传统悠久，此种艺术文化是现今国内仍活跃发展的民间乐种，更是中国传统民间艺术文化的重要组成部分之一。武家鼓吹乐棚，是民俗事象下已然被人民群众欣然接受的艺术形式，其中曲牌、工尺谱、四鼓演奏、唢呐艺术等各种艺术因素无不彰显着武家鼓吹乐棚艺术内涵的留存价值与意义。百余年传承，阐释了武家鼓吹乐棚较深的思想基础与深刻的文化内涵，乐棚中诸多艺术内容也正好建构了极富浓郁地域色彩的民间鼓乐艺术文化。

六、结语

历史变迁，艺术类遗产的生存早已不再是简单地沿着旧有历史轨迹在发展了。因旧有艺术类遗产的生存环境发生了前所未有的历史性变化，遗产项目就不得不在新的发展空间中寻找可以持续的立足之地。正如冈布里奇曾提到："艺术并不是一部技术不断进步的历史，而是一部观念不断变化的历史。"[3] 从乡村至城镇，面对我国灿若星河的艺术类非遗项目，保护遗产工作的推进不只是强调每项遗产内容中的音乐建构与文化传承，也并非在历史脉络中对其遗产内容的简单追随。外开性的遗产保护意识、国家支持与群众参与的保护意识尤为重要。完善遗产的传承意识，发展遗产项目中的可传承因素，于特定人群的审美情趣中创造不同的技艺效果，使艺术类遗产项目在活态传承标准中真正地活起来，才是能够维系遗产项目在民间保持其特有生命力与艺术魅力的有效方式。◈

参考文献：

[1] 郁正民. 保护与传承：黑龙江民间艺术研究 [M]. 北京：人民音乐出版社，2012：11.

[2] 吴凡. 阴阳 鼓匠——在秩序的空间中 [M]. 北京：文化艺术出版社，2007：202.

[3] 冈布里奇. 艺术的历程 [M]. 党晟，康正果译. 西安：陕西人民美术出版社，1987：7.

上海绒绣保护与传承的价值困境

袁 玥

摘 要：上海绒绣作为海派文化的民俗事象，拥有着丰富的内涵，它虽被列为国家级非遗项目，但目前仍面临着价值主体评价的困境、价值关系体现的困境和价值意义传播的困境。文章从介绍绒绣的历史与现状开始，剖析三种困境背后的深层原因。价值主体评价的困境主要是绒绣的商品性和民众性的衰弱，绒绣价值传播困境影响价值关系的困境，导致绒绣发展的实体和虚拟空间被压缩。

关键词：上海绒绣；保护；传承；价值困境

19 世纪绒绣便从西方传入上海，在经历本土化的过程后，成为独具海派特色的"上海绒绣"。上海绒绣不仅是一项绣制手段和技艺，更是一种文化、一段历史，它见证了上海社会的变迁与沉浮。从 2009 年被批准列为上海市级非遗到 2011 年被批准列为国家级非遗，对于绒绣的传承与保护的脚步也一直没有停下。然而，目前上海绒绣虽作为非遗有了"名分"，但是仍在慢慢衰落，传承人紧缺、民众不认可等问题使得上海绒绣无法"活"起来，只能成为一种越来越小众、边缘化的艺术。笔者在 2022 年 11 月参与关于绒绣的社会实践，通过对上海绒绣的代表性传承人包炎辉的采访和亲身实践，反思并总结出目前绒绣的非遗传承与保护方面亟须解决的问题：价值困境是绒绣难以发展繁荣的主要原因，其中主要包括价值主体评价的困境、价值关系体现的困境和价值意义传播的困境。本文拟从绒绣的历史与现状中探讨三种困境的主要内容和造成这些现象的深层原因。

一、上海绒绣的历史与现状

绒绣起源于中世纪的欧洲，一开始在农民服饰和各类装饰用品上可以看到早期类似绒绣针法绣成的图案。随着 16 世纪西方纺织技术得到重要的突破，人们开始关注到这种手艺的价值。经过不断地改造和创新，绒绣技艺逐渐成熟，它被广泛地应用在布制品如地毯、椅子、沙发面，甚至是书籍封面的装饰上，从皇家、修道院到平民百姓都可以见到绒绣的身影。到了 19 世纪，工业革命带来机器文明的极大进步，绒绣作为纯手工的制品开始在欧洲衰落，而逐渐向可以吸纳它的地方转移。[1]

上海开埠后，绒绣作为一种舶来品由传教士引入上海，主要供修女休闲娱乐。由于绒绣具有"不是绣在普通的布面，而是绣在有网眼的布上"的特点，使得妇女们对绒绣充满好奇。随后，喜欢绒绣、参与绒绣的人便越来越多，这时具有商业头脑的人就会抓住商机，进口原材料，再将做好的有中国特色的绒绣出口到国外，从中获利。商行代理杨鸿奎就是其中的代表人物，他在浦东设置绒绣作坊，随着业务量的扩大，小作坊逐渐成为生产基地，这就是上海绒绣的萌芽。新中国成立后，国家对绒绣十分重视。在浦东设立了两个绒绣厂，一是红星绒绣厂，一是东方（高桥）绒绣厂。同时浦东新区高桥镇妇联还组织每家每户互相合力绣制，达到区域化生产的效果。绒绣技艺在此时也不断得到发展，在以刘佩珍、高婉玉和张梅君为代表的美术家的不断创新下，绒绣作品内容更加广泛、色彩过渡更加自然、刺绣手法更加精细。一些高端的成品不再仅仅是一种手工制品，而是作为艺术品呈现。有组织的团队加之成熟的刺绣技术，使绒绣在海外销量颇丰，20 世纪 80 年代后期达到高峰。随后在市场经济浪潮的

作者简介：袁玥，复旦大学中文系民俗学 2022 级硕士研究生。

冲击下，绒绣的队伍被打散、被瓦解。漫长的学习时间、纯手工的技巧，使得绒绣在残酷的市场竞争中逐渐被"淘汰"。

然而，真正热爱绒绣事业的人们一直为其发展和复兴而不懈地努力，他们制作大量的经典作品，这些作品在多领域做出贡献。1990年，《毛泽东、周恩来会见尼克松》展现了大国外交风范。2002年，《中西荟萃·澳门辉煌之夜》表达了对澳门回归的喜悦之情。2005年，绒绣的传承者便开始积极申报非遗；2007年3月，"高桥绒绣"和"洋泾绒绣"列入浦东新区非遗名录；2009年，海派绒绣被列入上海市级非遗名录；2011年，上海绒绣被列入国家级非遗名录。这样的成果来之不易，但成为非遗并不是终点，而是一个新的起点，是为了让绒绣更好地发展下去。首先，绒绣非遗传承人紧缺，但绒绣技术作为一项纯手工的活动必须拥有一定数量的继承者；其次，了解绒绣价值之人稀少，更不论愿意购买者，但绒绣制品也是一种商品。我们应找出这两方面的症结并加以解决。

二、价值主体评价的困境

在对绒绣大师包炎辉的访谈中，他多次提到绒绣目前面临的一个主要问题，即绒绣文化的"普及率"不高，大众对于绒绣的认识充满误区：一是轻视绒绣的价值，觉得它的氛围感和抽象度不如绘画，而写实感又不及摄影艺术；认为绒绣的维护成本高，不像陶瓷、木制品那样只需定期擦拭即可（实际上这些制品保养手段更为复杂）；加之绒绣的纯手工制注定了它的高定价，大众对其就会产生性价比不高的负面印象。投资者不看好绒绣，导致市场份额进一步萎缩；而经济效益差，从业者看不到较好的前景，也就不可能吸引到人才，所以绒绣逐渐走向衰落。

造成这样的困境，其原因是作为商品的绒绣没有解决价值评价主体之间的矛盾，具体表现在消费者和制作者对于上海绒绣成品的交换价值（价格）和使用价值（实际用途）不能取得较为相似的认同。第一，双方在价格上的异见。既是劳动者又是售卖者的绒绣传承人们热爱绒绣、了解绒绣的文化底蕴、亲力亲为刺制，对于他们而言，凝结历史和劳动的绒绣，是有资格以较高的价格流通于市场的。而普通的消费者无法认识到这些方面，只觉得一个类似十字绣的产品定价却高得离谱。第二，双方在使用价值上的异见。制作者认为绒绣美观大方，无论作为家庭装饰还是赠礼，抑或个人收藏都具有较高的价值，而消费者往往会更倾向于其他替代物。以上两者，大大削弱了绒绣制品的商品属性，阻碍其在大众层面上被购买和使用。其实，绒绣在大型项目和小众兴味上都尚存空间。政府机构和个人艺术家时常会定做一些绒绣制品。绒绣虽为"头部"的艺术品，但一个事物的发展壮大，不能仅仅依赖"头部"客户，而是需要"放低身段""强势入侵"到大众领域。纵观绒绣的发展脉络，无论是西方还是中国，绒绣都是从民间而来，因此也应该"到民间去"。绒绣实则是一种民俗事象，它失掉了商品性，本质上就失去了"民间性"。

那么为何近年来上海绒绣会失去其大众基础呢？第一，从上海绒绣的历史可以看出，在其发展的繁荣时期，是由国家组织，在各个村落之间以每户为单位形成团队，有组织地进行生产。也就是说，从国家、宗族到家庭，绒绣的生产呈现出一种自上而下，有序的"同构"态势。而如今这样的状况被打破，市场经济下政府不再主导市场，村落的变迁、人口的流动、家庭结构的改变等原因使得其不再具有以往的良好状态。第二，绒绣一开始作为舶来品传入，之所以能在上海扎根发芽，是因为上海开埠带来的异域色彩，这种环境能唤起修士修女的故乡意识，绒绣即是对这种思念之情的具象化。经本土化之后又成为具有海派情结的民俗事象，将人与自然环境联系在一起。此外，改革开放前以村落乡里为纽带的绒绣是上海浦东邻里关系民俗和村落民俗的代表。很显然，西方人士对故土怀念而营造的环境已不复存在，而邻里关系和村落民俗也被一步步削弱。第三，绒绣在发展过程中，受基督教信仰的影响较大，至今上海绒绣作品的主要内容之一就是对一些圣经故事绘画的复刻。不过随着基督教信仰的淡化，支撑绒绣的信仰价值也慢慢衰落了。

总之，绒绣目前的价值主体评价困境，体现其商品性和民众性的缺失。

三、价值关系和价值传播的困境

结合上海绒绣的历史，可以看出海派绒绣早已不是一门单纯的技艺，而是包蕴着丰富文化内涵的艺术，这种技艺之所以能上升为艺术，除了本身技艺水平的不断打磨提高之外，更需要具有独特性和穿透感。"一件艺术品，无论是一幅画，一出悲剧，一座雕像，显而易见属于一个总体，就是说属于作者的全部作品。这一点很简单。人人知道一个艺术家的许多不同的作品都是亲属，好像一父所生的几个女儿，彼此有显著相像之处。你们也知道每个艺术家都有他的风格，见之于他所有的作品。"[2]在绒绣大师如刘佩珍、高婉玉和张梅君身上，可以看到个人风格给绒绣带来的价值。

个人的风格铸就独特性，是个人魅力的体现，它能在一段时间内被人们所追捧，但是要想使得一件艺术品源远流长，就必须灌注更深刻的社会、历史和文化内涵。例如海派经典民俗事象旗袍，之所以能够成为代表上海的服饰，除去知名人士的穿着，布料和染色技术的进步等因素以外，更重要的是海派文化的渗透。大众一提到上海，就能联想到旗袍。但是绒绣没有做到这种"条件反射"，造成这种情况的根本原因是价值关系没有得到有效的显现。"价值关系，是一种以主体尺度为尺度的主客体关系。……在实践活动中，客体的存在、属性和合乎规律的变化，是否具有与主体生存和发展相一致、相符合或相接近的意义，依主体尺度而区别为不同的性质。"[3]绒绣与人的事实关系很鲜明：一种工艺品，有装饰、赠礼、收藏的用途，但其本身与人的价值关系却不能与人在实践活动的发展相一致，这种随主体而改变的价值关系，主要表现在上海绒绣艺术的社会文化价值上。如果说绒绣的商业价值会随着流行品位的改变而改变，那么其社会文化价值则更为之持续和稳定。因为历史的积淀和文化的内涵，是随着时间的演进而不断发展的。毋庸置疑，上海绒绣包蕴着深厚的社会文化价值，可以说，自上海开埠以来，近代的贸易文明、中西交流互鉴；计划经济时期的集体及生产；改革开放商品经济到如今文化"走出去"一系列历史文化现象，在上海绒绣身上都有着深刻的体现。

为何这样的有价值之物无法清晰地彰显其与人的价值关系？笔者认为，绒绣价值传播困境影响价值关系的困境。第一，自然的原因，绒绣自身进入发展的"衰落期"，不加以外力无法有效传播。第二，技术的原因，绒绣没有抓住电子信息媒介这一"流行的"的技术，未能跟上当今社会信息传播速度。第三，政策原因，有关机构没有做好对绒绣相应的宣传。第四，传承者的原因，传承者对工艺保密和封锁，不愿参与绒绣技术的传播。上述原因，导致绒绣的发展的实体和虚拟空间被压缩，使得上海绒绣价值传播不通畅，价值关系得不到良性体现。

四、结语

上海绒绣目前存在的价值困境，也是许多非遗项目的"通病"。如何突破困境是问题的关键，不然非遗最终只能成为一种"遗产"。解决方案不能只是泛泛而谈，而应该通过切身的考察，给出行之有效的具体方案。笔者认为，第一，应建立适合于绒绣发展的民俗场，也就是能够培养绒绣发展的人文自然环境，这种环境不是一味地模仿之前的传统，而是适应当下。值得注意的是，上海绒绣的根基在乡村；第二，海派绒绣应"走出去"，无论是省际还是国际，现实还是虚拟，二十大报告提出的文化强国的建设目标，绒绣可以"御风而行"，同时应顺势扩展电子业务；第三，"开源"，上海绒绣的传承人不应过于担心其技术被抄袭被仿制，市场的优胜劣汰和政府的调节，会让真正好的作品"浮出水面"，一味故步自封对上海绒绣本身的发展是极其不利的。

参考文献：

［1］上海市文化广播影视管理局编.上海绒绣［M］.上海：上海人民出版社，2018：12-15.

［2］丹纳.艺术哲学［M］.傅雷译.桂林：广西师范大学出版社，2000：3.

［3］李德顺.价值论：一种主体性的研究［M］.北京：中国人民大学出版社，2020：53.

娄塘塌饼的生活化传承

郑雅婷

传承项目 Heritage Projects

摘　要：2019年，"娄塘塌饼制作技艺"被正式列入上海市嘉定区非遗名录。过去为满足日常劳作与商贸往来的需要，人们以当地出产的稻米、菜籽油制作塌饼，称作"娄塘塌饼"。娄塘塌饼种类丰富，凝聚着娄塘人民的生活智慧。其中，以页页松、小糖塌饼的制作技艺最为精绝。如今，"食娄塘"非遗美食团队秉持"见人、见物、见生活"的非遗保护理念，顺应时代潮流，积极开展各类实践活动，推动塌饼制作技艺的科学保护与活态传承。娄塘塌饼制作技艺的保护实践与重构活动，强化了娄塘塌饼符号认同，为民间技艺如何回归生活提供了新思路。

关键词：娄塘塌饼；传统技艺；非遗保护；活态传承

在上海市嘉定区，流传着"金罗店，银南翔，铜江湾，铁大场，教化嘉定，食娄塘，武举出在徐家行"的民谣。娄塘以"食"闻名，素有"食在娄塘"之美誉，页页松、酱缸爿、小糖塌饼、八宝饭、面虾、韭菜面衣、糍毛团等都是记忆中的娄塘味道。其中，娄塘的塌饼更是远近皆知。娄塘塌饼与苏式面点在制作方式上相通，煎炸烙等不一而足。区别于重甜的苏式面点，娄塘塌饼甜咸兼备，甜的有小糖塌饼、南瓜塌饼等，咸的如页页松、酱缸爿等。经过长年累月的生活化实践，与江南其他地方的塌饼相比，娄塘塌饼类别多种多样，制作技艺也更精湛。与此同时，娄塘人的生活经验与价值观念通过塌饼饮食活动得到规范与强化，塌饼已然成为娄塘礼俗社会中不可或缺的部分。

一、生活智慧传承

在娄塘，塌饼种类繁多。常见的塌饼有小糖塌饼（漏糖塌饼）、页页松（椒盐塌饼）、韭菜塌饼、草头塌饼、南瓜塌饼、酒酿塌饼（救娘塌饼）、手合糖塌饼、葱油饼、发锅、酱缸爿、烤（熯）等。其中最常见的当属小糖塌饼、草头塌饼、韭菜塌饼、页页松。传统的塌饼制作方式以煎炸为主，随着制作工具的改良，如今人们在制作塌饼时，也会采用熯的方式。其中，若论技艺之精妙及群众之智慧，则当推页页松与小糖塌饼。

1. 页页松：葱的魔法

页页松，也叫椒盐饼，是一种千层饼。其酥皮葱香味美，可静放数日不受潮，十分神奇。

与传统酥饼类食物相比，页页松的独特之处在于将葱花加入油皮之中。就常理而言，葱类蔬菜中含有大量水分，一旦加入油皮，必然会影响最后的起酥效果。不论是在中西餐教科书与饮食指导教程，还是地方性饮食习惯中，都不会往油皮中添加蔬菜。而娄塘人巧妙地选择葱花来赋予页页松馥郁香味，将加有葱花的油皮与面皮反复叠在一起，充分发挥葱的空心特性，葱管内空气被油皮牢牢锁住，高温使葱的水分蒸发，空气也推动酥的增长。实践证明，葱的加入完全没有破坏酥皮最终的起酥效果。煎熟以后的页页松黄中透绿，将其切成三角形或梭子型，吃起来葱香浓郁，甜咸适宜。塌饼的酥皮层层分明，片片薄如纸，因此得名"页页松"。当地人一般以此招待亲朋好友与远道而来的贵宾。

即使是在上海，页页松也不需要密封储存，过了两三天吃起来还是酥香松脆的，几乎不会受潮，这在点心之中是特别稀奇的，也正是页页松的神奇之处。娄塘人推测也许是因为饼是死面，在制作过程中又巧妙地控制住了面皮吸收水分的量，所以页页松才能够在这样的环境下保持酥脆。也有人认为是页页松的制作材料搭配得当、制作技艺精巧的原因，不容易吸收空气中的水分受潮。

非遗传承研究　2023（2）

作者简介：郑雅婷，上海师范大学哲学与法政学院民俗学硕士研究生。

2. 小糖塌饼：爆浆的吸引力

小糖塌饼与页页松不同，它是用死面包糖制成。颗粒状的糖被严严实实地包进面团之中，撒上芝麻。下锅遇油之后，温度逐渐升高，一个个小糖塌饼像吹起的小球一般鼓起来。里面的糖粒逐渐融化，变成甜滋滋的糖水，包裹着内部面皮，一口咬下去，糖汁四溢。

时至今日，娄塘当地还流传着漏糖塌饼的故事。相传在20世纪60年代，一位来自上海的毛脚女婿到乡下做客，在带小糖塌饼回家的路上，忍不住拿出本应带给家人的塌饼吃起来，结果糖汁"滋"地一下溅出来，漏得他满衣襟糖汁，路人看见不禁捧腹大笑。自此，小糖塌饼有了一个更为生动有趣的名字，叫"漏糖塌饼"。娄塘人通过这个幽默的故事告诉食客们，吃小糖塌饼须立起来轻轻吮吸糖汁，慢慢品尝。

小糖塌饼外观金黄，吃起来口感酥脆，是娄塘人孩童记忆中不可多得的美味。与如今年轻人爱吃的各类爆浆点心一样，小糖塌饼也是旧时娄塘人最钟爱的应节解馋的爆浆食品。过去糖价精贵，小糖塌饼美味的糖汁以及爆浆带来的惊险刺激感，令孩子们吃得愈发小心翼翼，整个过程更具娱乐性。

传统技艺是由代代先辈积淀流传至今、在漫长的生产实践中形成的生产技术，它富含民众的审美观念和思想情感，代表着技艺的精华。[1]从页页松、小糖塌饼中，我们可以看到娄塘人积极乐观的生活态度。即使在物质资料不丰富的年代里，娄塘人依旧坚持钻研技艺，利用简单食材研发出各式塌饼。时至今日，娄塘塌饼制作技艺仍处于发展阶段，塌饼文化内涵日益丰富。在娄塘人的生活中，娄塘塌饼不仅有饱腹的功能，还是困难年代里重要的物质补偿与精神慰藉。娄塘塌饼凝结着娄塘的地域文化与风俗观念，是当之无愧的民间瑰宝。

二、生活文化传承

娄塘塌饼是在当地自然条件与社会条件下产生的，作为娄塘时代发展的见证，它代表着娄塘人朴实勤劳的精神品质，是邻里、亲朋之间往来的独特社交符号。塌饼承载着娄塘的生活记忆，在塌饼制作、交换、食用等环节中不断强化人们对娄塘的符号认同。食客们通过了解传统的塌饼，可以看到娄塘的四季变迁与时代转换，感受娄塘浓厚的历史底蕴与人文关怀。

1. 特殊的形成背景

娄塘镇，位于嘉定区西北部，其得名来自于辖区内蜿蜒而过的娄塘河。《（民国）嘉定县续志》中，提到娄塘"市街南北一里半，东西二里余，大小商店百数十家""镇南至县城十二里，东至海塘二十四里，东北至唐行六里，至刘河镇十二里，北至陆渡桥六里，西至朱家桥三里，至太仓十八里"[2]。娄塘地理位置之优越，商贸之繁荣，由此可见一斑。作为苏沪之间商贸往来的交通要镇，行商坐贾往来其间，共同推动了这座小镇的发展，而塌饼便是商旅们途径娄塘时最重要的补给。

塌饼种类多样，制作时或煎或炸或烙，都离不开当地产出的稻米与菜籽油。水稻是娄塘最重要的粮食作物。自1937年上海沦陷始，粮食奇缺，粮价一路走高，民众纷纷扩大稻谷种植面积。新中国成立以来，实行统购统销、以粮为纲的方针政策，娄塘水稻种植面积进一步扩大。同时，油菜是当地最主要的油料作物，菜籽油是当地人最常吃的植物油。时至今日，菜籽油依旧是民众制作塌饼时的首选油料。

2. 时代的生动见证

娄塘的塌饼，主要以小麦粉、糯米粉、精米粉制成。由于糯米产量少价格高，精米次之，面粉价最低，所以过去家中制作塌饼时很少会用糯米粉，多以面粉、精米粉为主，如今则多是在糯米粉中加入一部分精米粉，吃起来软糯香甜。

大部分塌饼都凸显出材料易得、制作简单的特点。过去人们在地里做活时，便会顺手摘一把蔬菜回去做塌饼，例如常见的韭菜塌饼、草头塌饼，这类塌饼即使是冷却后，吃起来也仍具有韧性、黏性。因其省油、味美、饱腹、便捷、保存时间长等特点，塌饼一经出现就受到大众欢迎，不论是商贾还是农户，都愿意食用塌饼。在娄塘老街，曾出现面食点心店一百多家。商户们来此交易后，就会去点心店、早点店购买一些塌饼。塌饼走出娄塘人家，成为娄塘地区商贸民俗的重要组成部分。可以说，塌饼是娄塘商贸文明与农业文明发展的鲜活见证。

如果仅将塌饼视为娄塘人的日常食物，就过于狭隘了。即使是在物质贫瘠之际，娄塘人也会吃点心。娄塘的主妇们发挥她们杰出的创作力，在简简单单的塌饼中加入珍贵红糖，就成为美味的手合糖塌饼，它是娄塘人家中不可多得的点心。娄塘农民家里只有面粉时，就会将面粉做成面饼，再涂点腌制酱黄瓜的酱，吃起来味道鲜美，甜咸适中，当地人管这叫做酱缸爿。后来，娄塘人也用酱缸爿招待客人、奖励孩子。

3. 四时的家庭实践

如今，娄塘人食塌饼已不再是果腹的便宜之举，娄塘主妇们遵循传统时令饮食原则，发明出一套独特塌饼文化。

春天，娄塘人吃酒酿塌饼。酒酿塌饼也叫"救娘饼""酒酿饼"。相传元朝时一对母子逃荒至此，儿子乞讨得来一块面饼救了母亲一命。寒食节时娄塘人会吃酒酿塌饼以纪念这子孝母慈的感人故事。立夏，娄塘人要吃时令的草头塌饼。草头塌饼黄绿相见，外脆里糯，鲜香俱全。夏秋之际，娄塘居民会制作黄里透红的南瓜塌饼。据说在此时吃南瓜，有强身健体的功效。到秋收时，娄塘人也会尝鲜，乘粮食产地之便，总能吃到最新鲜的塌饼。值中秋佳节，买不起月饼的家庭里，主妇们会制作圆圆的糖塌饼，一家人分食之，取团圆之美意。饮食顺应四时变换，是娄塘人的生活哲学。

4. 社交的重要符号

塌饼具有维系人际关系的重要功能。当客人来访时，娄塘人会制作小糖塌饼招待对方。娄塘人通过漏糖塌饼故事告诉食客们，吃小糖塌饼可得小心，将塌饼立起来，轻轻吸，不然就会像故事里的毛脚女婿一般，溅得全身都是，闹个大花脸。

在娄塘民间，看望刚刚生完孩子的产妇时，红糖是必不可少的礼品。中医认为，红糖具有益气养血，健脾暖胃，驱风散寒，活血化淤之效，特别适合产妇食用。主家也会将红糖和面粉制成塌饼，用于招待亲友。

当地民风淳朴，乡民做好的塌饼总会与邻居分享。在娄塘民间流传着"隔壁做塌饼——毛坯"的歇后语，意思就是说，只需要安安心心等着享用邻居送来的塌饼就行。可见，塌饼已经发展成娄塘地区独特的社交符号。

5. 精神的传承载体

在娄塘，食塌饼的饮食民俗沁润着娄塘人对于美好生活的寄托。至今，娄塘人在搬家、生娃、满月酒、祭祖等重要日子里还会去买一种名叫"烤"的塌饼，在村里与乡邻间分发，以示告知并互相祝贺之意。当地人认为，"烤"寓意着考中，代表着学识，在重要节期吃烤是一种好兆头。"烤"的外观金黄，色泽漂亮，吃起来香脆，深受当地人喜爱。

在一块块塌饼中，勤劳踏实的美德在娄塘人家中实现代际传递。一代又一代娄塘人食塌饼、做塌饼，用塌饼保存娄塘生活的珍贵记忆。借塌饼观娄塘，我们可以看到娄塘镇的光阴流转和风貌变迁。以塌饼观上海，塌饼的产生、兴起、普及与淡出，印证着上海跌宕的发展史。娄塘塌饼的保护与传承，寄托着娄塘人对历史的追溯与纪念，以及对生活的乐观与热爱。乡民社会中，母亲教授女儿是塌饼制作技艺最主要传承方式，随着乡民社会向城市社会转型，这样的习俗实践已经不多。传承场域由家庭转向社区，传承人及其活动成为塌饼技艺传承的主要方式。

三、生活活态传承

娄塘塌饼产生于民间，是娄塘地区相对普及的饮食风俗。塌饼传承，过去以家庭为单位，如今，同大多数传统技艺一样，娄塘塌饼制作技艺也面临着无人可传的困境。区级代表性传承人邱海风以社区为单位，组织专业塌饼传承队伍，吸引居民参与到塌饼技艺保护与传承中来，形成一幅正在进行着的塌饼制作技艺弥散性的传承图景。

1. 家庭传承：内嵌于日常生活的手工技艺

过去，娄塘有一百多家面食点心店，家家吃塌饼，户户做塌饼。娄塘塌饼传统传承方式是以家庭为单位，在母女、婆媳之间口口相传。即使是同一种塌饼，不同家庭做的在口味上也会存在差异。可以说，传统家庭结构的延续，是过去娄塘塌饼传承的基础。

家庭延续现象是在特定时空场域中发生的，它与当地社会基础密切关联。近几十年来，尤其是改革开放以来，社会发展日新月异。娄塘地区家庭组织不断地发生继替与分裂，以核心家庭为主的家庭结构，逐渐取代大家族共同生活状态。邻里之间的社会关联度降低，塌饼社交属性减弱。随着物质资料日益丰富，逢年过节之时，各式各样的山珍海味汇聚到娄塘人家的餐桌上，不断冲击着塌饼在娄塘人生命中的独特地位。

如今在娄塘，会做塌饼的多是上了年纪的

阿姨，他们的儿女大多不愿意花时间学习这门技艺。作为地方公共知识的塌饼制作技艺，随着传承人日渐年迈，面临着后继乏人的窘迫境地。在急剧变化的社会环境下，对塌饼制作技艺最好的保护方式就是在生产中保持其核心技艺和核心价值，并与民众生活紧密相连，使之葆有生命力，实现在俗民生活中的活态传承。

2. 团队传承：传承人的主动性与能动性

嘉定工业区文化体育服务中心成立的"食娄塘"非遗美食团队，一直以来，坚持挖掘、保护娄塘塌饼相关文本、照片、影像、实物资料，用以老带新的方式培养塌饼制作技艺传承人。时至今日，娄塘塌饼制作技艺已经发展出四代主要代表性传承人。

邱海风作为第四代代表性传承人兼"食娄塘"非遗美食团队队长，带领队员开展塌饼制作系列活动，将塌饼送予社区高龄老人与消防队等特殊群体。同时，邱海风携其美食团队积极参与各类相关美食活动，通过公益义卖等形式推广塌饼，让更多人在品尝娄塘塌饼的过程中，倾听塌饼故事，了解塌饼文化。此外，传承人还会定期与学校、村、社区、企业合作，传授塌饼制作技艺。"食娄塘"非遗美食团队始终致力于通过各式各样的塌饼活动，让新上海人更好地融入社区生活，给弱势群体带来社区集体的温暖，丰富社区居民日常生活，带领居民们更好地服务他人，实现塌饼制作技艺的生活化传承。

娄塘塌饼制作技艺的传承人们坚持发挥主动性、能动性。以邱海风为首的塌饼传承队伍，不但从前辈那里继承技艺，还能与时俱进，根据生活的变化予以创新，开发新口味的塌饼，研发塌饼相关文创产品，实现传统技艺的代代相承。他们的活动，是塌饼制作技艺的活态传承实践。

3. 弥散性传承：塌饼爱好者的自发实践

塌饼源于娄塘人的生活实践，具有显著的地域特色。如何尽可能多地保留娄塘塌饼制作技艺存在的生活空间，营造适宜的文化氛围，在互动中实现保护与传承，是传承人们对塌饼制作技艺保护的核心关切。

塌饼传承队伍通过积极宣传，以传承厅为阵地，定期开办塌饼制作技艺学习课程，吸引居民们自发前往学习。塌饼学习课程一经开办就受到了居民们的广泛欢迎，经年积累，塌饼制作技艺爱好者队伍逐渐发展壮大。手工艺爱好者的学习过程及其日常生活实践展现出了非物质文化遗产传承的另一种可能路径——"弥散性传承"。[3] 爱好者们基于个人体验与情感记忆的生活实践，实现塌饼制作技艺在社区生活中的"唤醒"与复魅，成为塌饼传承活动中最具活力与潜质的一部分。在乡土社会中，人们通过日常吃塌饼的饮食活动，在潜移默化间实现民间习俗的规范和强化，发挥着群体的日常维护功能，是社会交往的重要符号。如今，塌饼在城市社区中回归，通过居民的群体实践，保护了地区文化根脉，重新建构并凸显了塌饼的符号认同功能，强化了居民们对于娄塘的认同感。塌饼制作技艺呈现出一幅正在进行着的弥散性传承图景。

四、结语

民以食为天，塌饼制作技艺，是娄塘人在漫长生活实践中形成的民间技艺精粹。进入新时代，娄塘塌饼的保护与传承面临着新挑战。娄塘塌饼具有显著的地域特色，塌饼传承人携其团队发挥主动性与能动性，践行"见人、见物、见生活"的非遗保护理念，在实践中营造良好的文化环境，推动塌饼制作技艺从个体传承弥散向群体保护，最终实现生活化传承。对于以塌饼制作技艺为代表的生活类技艺民俗，如何实现生活化的保护与传承，再度与民众生活紧密相连，实现生活中的持久传承，是非遗技艺传承过程各方工作的重中之重。娄塘塌饼非遗技艺传承团队以传承人为中心，围绕传承人开展活动，坚持创新与发展，重视居民参与，为实现塌饼制作技艺社区回归，提供了较为清晰的非遗技艺生活化传承方案。◈

参考文献：

［1］朱以青. 传统技艺的生产保护与生活传承［J］. 民俗研究，2015（1）：81—87.

［2］范钟湘，陈传德修；金念祖，黄世祚纂.（民国）嘉定县续志［M］// 中国地方志集成 上海府县志辑（第八册）. 上海：上海书店出版社，1991：723.

［3］滕璐阳，徐赣丽. 弥散性传承：都市语境下手工艺传承的一种路径［J］. 文化遗产，2022（4）：55—58.

玉石有情　心随玉走

——访谈国家级非遗项目"北京玉雕"第三代传承人苏然

受访人：苏　然　采访人：王　秀

摘　要： 国家级非遗项目"北京玉雕"从宫廷走向民间的传承过程中，靠的就是师徒间的代代相传。"北京玉雕"技艺源远流长，玉雕师能利用玉石的自然形态、因材施艺，创作出巧夺天工、妙趣天成的作品。苏然是"北京玉雕"第三代传承人，从她的成长经历和取得的成就中，我们深切地感受到她作为"北京玉雕"的传承人对玉雕的深厚理解与热爱，以及不断地对"北京玉雕"的传承和发展进行探索实践的精神。

关键词： 苏然；"北京玉雕"；传承人

2008 年，北京市玉器厂申报的玉雕（北京玉雕）被列入第二批国家级非遗名录。北京市玉器厂有限责任公司记载的北京玉雕传承人第一代有 11 人，第二代有 18 人，第三代有 11 人，苏然是 11 位第三代传承人中最年轻的一位。2015 年，苏然成为北京市级非遗项目"北京玉雕"代表性传承人。苏然从业 30 多年以来，她的作品屡获具有玉雕界"奥斯卡"之称的"天工奖"和"百花奖"金奖。2022 年被授予"中国工艺美术大师"称号，成为玉雕界获此殊荣的为数不多的最年轻的女性大师。苏然说："每个人生来都是一块璞玉，琢玉的过程跟人的一生很像，只有经过持之以恒的雕琢和不断地打磨、抛光，才会褪尽铅华，终成大器。"苏然就像一件经过多年打磨的玉器，逐渐绽放出玉石本身温润、饱满的光泽。

一、结下玉缘

王："北京玉雕"作为国家级非遗项目是一个相对传统的艺术门类，许多人是受家庭的影响才从事这个行业，您是基于什么情况进入玉雕行业并且成为"北京玉雕"的第三代传承人呢？

苏：我并不是出生在传统的玉雕世家，我父亲是学医的，大学毕业后去甘肃地质勘探队支边，我幼年时期大多是和父母在甘肃张掖度

过的。记得父亲随勘探队外出回来时，常会带一些漂亮的小石头给我，虽然不知道那些小石头的名字，但我非常喜欢，对它们充满了好奇。那时候，奶奶家住在北京玉器厂后面，去奶奶家玩的时候，看到玉器厂周围被丢弃的石头和边角料，一种亲近感和好奇心油然而生。现在回想起来，可能从那时起我就对石头产生了兴趣，也许冥冥之中注定了我的玉缘。

我从小就特别喜欢画画，我伯父的职业是画家，我父亲虽不是绘画专业，但也喜欢绘画，绘画水平也不错。父亲和伯父并没有直接教我画画，但我对绘画充满了兴趣，时常练习。我觉得那时打下的绘画基础对我日后从事玉雕行业起到了举足轻重的作用。记得初中时，我读小说《穆斯林的葬礼》，对书中玉雕故事很好奇，也因此对玉雕产生了浓厚的兴趣。那时我常在北京玉器厂旁边玩，望着玉器厂进进出出的人，心想：如果将来我能到玉器厂工作，该多好啊！

1987 年初中毕业，我报考了北京玉器厂技校，当时的北京玉器厂技校是三年一招，也就是说，如果我早一年或晚一年毕业，都将错过这次招生，也就意味着会错过我的玉雕人生，更不可能会成为"北京玉雕"的第三代传承人。所以我始终认为当时的选择是正确且幸运的，这是一条自己热爱且适合自己的非遗传承的艺

作者简介： 苏然，国家级非遗项目"北京玉雕"第三代传承人；王秀，上海德缘文化传播有限责任公司"走进名家"栏目记者，玉学院（苏州）和田玉高级鉴定评估师。

术道路。

王：您考入北京玉器厂的技校，意味着您小时候的梦想实现了。在玉器厂技校的学习经历为您未来的玉雕之路奠定了很重要的基础，是吗？

苏：的确是梦想成真！那时只要从玉器厂技校毕业，就可以直接分配到玉器厂工作。我是玉器厂技校的第三届，我们这一届很幸运，因为有部分老师是从北京玉器厂选拔出来的，他们理论知识深厚，实践经验丰富，技术水平高超。那时北京玉器厂汇聚了许多在玉器行业名声显赫的老艺人，其中一位就是号称北京玉器"四大怪"之一的王树森，这些老艺人的徒弟在当时的北京工艺美术界也已经崭露头角，比如，李博生、宋世义都已经是颇有名气的大师了，他们一边在玉器厂工作，一边到技校授课。技校有这样的师资力量和教学环境，在全国的玉雕技校里是少见的。我们不仅学到了丰富的艺术理论，还领略了大师们的艺术风范以及巧夺天工的玉雕艺术作品，他们为我们打开了一扇通往艺术殿堂的大门。我们学素描、色彩、雕塑，还要学做工具。记得那时我放学回家后，顾不上休息和玩，只想画画。不但在纸上画，还画盘子、画彩蛋、弄刺绣、做布娃娃，我们家都快成"仓库"了，家里的墙上挂满了我的画。那时候老师常常夸我动手能力强。

王：您进入北京玉器厂时，正是玉器厂的鼎盛时期。这五年的经历也是您玉雕生涯中比较重要的阶段，您总说您是幸运的，可以给我们说说这段经历吗？

苏：我 1990 年进入北京玉器厂，当时正是北京玉器厂的鼎盛时期，有 2000 多名职工。全国各地的玉雕人才都到北京玉器厂观摩学习，来参观的外国游客也络绎不绝，厂子里一派繁荣景象。我被分配到了八大车间之一的人物车间，人物车间对综合素质和综合技能要求最高。能分配在人物车间工作，很荣幸。作为国家级非遗项目"北京玉雕"的第二代传承人宋世义大师，收徒的要求比较高，记得当年收我为徒的时候，就问了我一句话："你能不能坚持下来？"当时我肯定地回答："能！"其实当时我并没有完全理解这句话的含义，这么多年过去了，才慢慢理解：做玉雕最重要的素质就是耐心和坚持。我进入宋大师人物组时，参与的第一件作品是玛瑙摆件《梅妻鹤子》，由师傅画"活"，

我们雕刻，为此我先去查阅了资料，了解"梅妻鹤子"这个典故，然后边做边思考，想象着"梅妻鹤子"的画面和意境，所以我在雕刻的时候不但不觉得枯燥，反而觉得乐趣无穷。

二、琢玉学艺

王：宋大师每次提到您，都会自豪地说："苏然能取得今天的成就，我一点也不感到意外，她在我所有的学生中也许不是最聪明的，但她最踏实、最耐得住寂寞。"宋大师收徒的标准首先是人品好，要有一颗真善美的心，其次是踏实。国家级非遗项目"北京玉雕"的特点是：高雅大气，具有独特的宫廷艺术风格。用料讲究，因材施艺，尤以俏色见长。在制作上，琢工圆润、制作精美。您的作品不仅继承了北京玉雕雍容富贵、中正大气的艺术特征，更具有特有的文化内涵及时代特征，让人在品玩玉石之美的同时，还能感受到中国传统文化的深厚与博大。您现在的玉雕技艺在创作中运用得游刃有余，这些与您数十年踏踏实实的琢玉经历密不可分吧？

苏：我认为非遗的传承和创新应有时代的烙印，要走入新时代，非遗传承人应该全力以赴，努力让非遗不断传承和发扬光大。我热爱玉雕，即使工作再多也不觉得累。那时候工厂里有工作任务，我们每月至少要完成一件作品。现在我记不清楚这五年一共做了多少活，但这的确是一个积累的过程。我现在的技艺娴熟，要归功于那个时候的磨炼。起初，我还不能亲手设计作品，但每天都在看师傅如何选料、用料，如何设计。这段耳濡目染的经历对我日后的成长有非常大的作用。所以说，在玉器厂的五年是我打基础的五年。学艺的过程也很考验一个人的意志力。用师傅的话说，我是那种"踏实、安静，坐得住的人"。记忆里，我从没因任何理由完不成任务，其实那时候我并没有多么大的理想，只是认为那些工作本来就是自己应该做的，遇到任何困难，首先想到的是如何解决困难，而不是推诿和抱怨。工作之余，我会把自己白天经手的作品再默画一遍，揣摩师傅的设计思路和工艺表现手法，有意识地培养自己独立思考和判断的能力。

王：随着 20 世纪 90 年代国家经济体制改革的深入，北京玉器厂也随之发生了巨大的变化。个人的命运都与时代的变迁息息相关。您

是玉器厂从1990年到2000年由繁盛到转型过程的见证者和亲历者，在这十年里，您一直在不断地进步，创作的作品得到了业内外人士的认可和赞赏。

苏： 这十年发生了很大变化，我也成长了许多。90年代初，北京玉器厂开始由计划经济转向市场经济，产品要自寻销路，人员要自谋出路，出现了各种困难。玉器厂为了生存和发展，开始了合资模式，劳务输出也成了合资的模式之一。1995年，玉器厂与港商合作，我跟着宋世义大师到了深圳。这次主要是给玉器厂的客户"长青公司"做一件大型翡翠插屏《八十七神仙卷》，作品由师傅设计，我们几个徒弟雕刻。原计划一年完成的作品，我们十个月就完成了。在深圳，我们知道了什么是"深圳速度"，也感受到了深圳无处不在的快节奏和挑战。在深圳的工作结束以后，我回到了北京，师傅还留在深圳做收尾工作。我不想浪费时间，就挑了一块料，尝试着设计，这是我第一次自主设计和制作，我清楚地记得，当时做了一件《洗桐图》插屏，此素材源于元代绘画四大家之一倪瓒。没想到这件作品得到了师傅们的认可和赞扬，更没想到插屏《洗桐图》正好被来厂里选聘设计人员的香港客户看到了，他很喜欢，因此决定聘请我去深圳工作。这是我面临的前所未有的挑战，每天都非常忙碌和紧张，那种超负荷的工作强度对我的体力和心理都是非常大的挑战。这家公司叫"香港旭麟珠宝公司"，产品以翡翠为主，通过香港的门市直接销售，如果产品卖得不好，客户就会认为是设计的问题。高度的市场化程度和高强度的工作量给我带来了前所未有的压力，除了工作，我还要学习，几乎每一个休息日，我都去书店看书。虽然很累，可我工作和学习的劲头十足，设计能力和雕刻技艺都有显著提高。这个公司进的玉料比较杂，包括翡翠、水晶、玛瑙等，产品类型也比较多，包括插牌、挂件、摆件、首饰等，应有尽有。因此使用的技法也多，浮雕、圆雕、镂空、活链、俏色等，这些技法我都要用到，这也为我提供了充分学习和磨炼技艺的机会。

王： 您后来是在什么情况下又从深圳回到了北京？

苏： 那几年在深圳高强度地工作，按要求快速出产品，虽然收入比在北京多很多，但我觉得那种工作状态背离了我从事玉雕的初衷。

正好那位老板要转行，不做玉雕了，于是我就回到了北京。我在玉器厂技校时，我们班72人，毕业后都进了厂。可现在多数人已经转行，继续做玉雕的只有少数几人。玉雕是我儿时的梦想，是我报考北京玉器厂技校的初衷，更重要的是这些年的玉雕工作经历给我带来了很多乐趣和成就感，虽然历经了辛苦和波折，但是我已经打下扎实的基础。因此不管同学们做何选择，我都坚定了继续做玉雕的决心和信心。我从技校毕业至今，数十年与玉相伴，也经历过挫折，但在琢玉路上，有恩师指点、有贵人相助，有机会磨炼，我觉得我是幸运的，我始终相信，机会是留给有准备的人的。

三、磨玉终成大器

王： 就在您的同学、同事都在想办法改行和另谋出路时，有家公司聘请您为总设计师，从此开启了您与白玉的不解之缘。礓石巧雕化腐朽为神奇，展现出您高超的设计能力和雕刻技巧。礓石巧雕作品风格也成了您极具辨识度的个人标签之一。

苏： 我在北京的一家珠宝公司担任总设计师期间，有更多的机会发挥非遗传承人的作用，从而为"北京玉雕"的传承和发展做出一些贡献。公司为我提供了稳定发展的平台，让我有机会将多年积淀的玉雕技艺得以施展。从那时开始，我对和田玉的认识有了质的变化，特别是对白玉籽料有了更深的感悟，真正理解了什么叫"洁白如玉"。之前我经手过很多种类的玉石，可从那时起，我只对朴实、温润的和田白玉情有独钟。在我看来，和田籽玉是大自然千百年造化出的精灵，是有灵性的，每一块玉石在我眼中都有它与生俱来的个性，都是独一无二的。以前很多人对"礓、杂、脏"都很嫌弃，当我遇到这类材料的时候，就觉得应该把它保留下来，它是大自然赋予的，是原生态的，就应该生成这样。玉与礓石有非常强烈的对比和反差，因此形成了非常大的对比度和较强的冲击力。礓石没有优劣好坏之分，关键在于发现礓石美的能力。我很享受礓石巧雕的思考过程，思考的过程比制作的过程要长很多。这样的材料奇形怪状，颜色和绺裂复杂多样，做着做着就能发现它的变化，那么创作思路就要随之调整和改变，因此，礓石巧雕工艺非常有挑战性。

我的第一件礓石巧雕作品《蒙面巫师》，获得当年"天工奖"最佳创意奖。那是一块2公斤的和田玉籽料，我将灰白色的礓石雕琢成巫师的下半张脸，下巴铺着玫瑰和头骨，礓石以外的美玉被完整地保留下来，稍加雕琢，成了巫师的斗篷，挡住了巫师的眼睛，整个画面透着一种诡秘、神奇、魔幻的气息，给人极大的视觉冲击和心灵震撼。这件作品意在引发人们对当今西方文化热潮和国学热的反思，不管是中国传统文化还是西方文化，既有精华也有糟粕，关键在于我们的取舍。

我坚持认为，每一块原生态的玉料都是大自然的造化，一定具有它独特的魅力和价值，尤其是面对那些礓石玉料，我会思考如何保留它天然的形貌，我会在设计上下功夫，充分利用它的个性，通过巧雕技艺展现出礓石"新、奇、怪"的特点，从而创作出富有内涵的作品。颇为遗憾的是，还有相当一部分带礓的玉料在源头就被切割掉了，导致很多人不知道有这样的玉料存在。所以我觉得应该继续深入探索这条路，充分挖掘和利用好这样的材料，创作出更多有价值的作品，以便在将来让大家知道和田玉原生矿还存在着这样的材料，那么我开创和坚持"礓石巧雕"这条路，对于和田玉的探索和研究多少都有一点贡献吧。

王：您在玉雕路上耕耘三十多年，佳作辈出，不管是扬名京城的北派宫廷风格之作还是复兴文化的国学系列，或者是开宗立派的礓石巧雕，从形式到内容都突破了传统玉雕的窠臼。作为一名成熟的玉雕人，尤其是作为国家级非遗项目"北京玉雕"的传承人，您的作品逐渐形成了独树一帜的大气风格。您的作品题材丰富，包括好几个系列，您是如何分类的呢？

苏：近几年，我将作品分为四类。第一类是礓石巧雕系列，如《蒙面巫师》《沧桑》《金山聚瑞》等；第二类是纹饰牌佩类，结合明清宫廷纹饰与国学经典的运用，如《九思铭》《衣袋铭》《传心铭》等；第三类是佛教、道教故事情节及造像在玉雕中的运用，如《一壁两变 敦煌情》《万方皈依图》《宝相生辉》等；第四类是现代题材，如《中华祥瑞图》《初心永驻》《俺爹俺娘》等。其中，礓石巧雕是我独创的工艺风格，将礓石与玉肉融为一体，妙趣横生，内涵丰富；佛教题材是我的作品系列门类当中的一个大类。

王：佛教文化是您近十多年来不断探索的玉雕课题。佛教艺术是修行的艺术，您说信仰要有虔诚之心，琢玉也同样需要纯粹的付出。

苏：这么多年以来，我在使用玉石创作佛学题材作品的过程中深切地感悟到，玉石温润的灵性和坚定的质地能给人的身、心、灵带来愉悦和感动，玉石的品质就是中国传统文化中优秀人格的象征，佛教题材的玉雕作品最符合中国人礼佛、敬佛、净化心灵的需求，玉与佛教相得益彰、高度契合，因此，用玉雕刻的佛教作品更能打动和感化众生。

王：《一壁两变 敦煌情》是您历时两年半完成的宏大力作，此作品获得2019年的"天工奖"和"百花奖"双料金奖，堪称"可留给世间的传世之作"，这件作品耗时耗力，您为此付出巨大的心力和体力，但您颇感欣慰地说这件作品的成功为您开启了玉唐卡题材的玉雕创作方向，因为有了它，您才更有信心继续探索玉唐卡题材的创作。

苏：这件插牌《一壁两变 敦煌情》表现的是榆林窟的第三窟里西壁门内两侧的两幅壁画"文殊变"和"普贤变"，壁画描绘的是"智慧"第一的文殊菩萨和"德行"第一的普贤菩萨，由梵天、天王、罗汉、童子、帝释天和随从菩萨等圣众护从，置身仙气环绕的云雾之上，徐徐渡海，奔赴华严法会，其场面壮观，这个场景表现的就是文殊和普贤与众人去礼佛的过程。

多年前，我跟师傅学做过一件大型翡翠插屏《八十七神仙卷》，这是唐代画家吴道子的一幅画，这幅画如今在徐悲鸿纪念馆里。这次我能驾驭《敦煌情》这样的大场景，与那时的磨炼分不开。所以作品《敦煌情》让我找到了一个方向，找到了自信，找到了值得我去挖掘的又一个题材。

我把《敦煌情》这样的系列称为"玉唐卡"。这类创作非常费心力，首先要像画唐卡的那些僧人一样，要怀揣崇敬和虔诚的心态去雕琢，很费心力，它不但要求雕刻技艺达到一定程度，还需要一定的体力才能完成。所以我觉得现在正当年一定要尽量多做一些自己想表达的佛教题材的内容。我现在正在做一个大型的唐卡画面"释迦牟尼重返人间"，这是雍和宫里的一个画面。所有看到过这个画面的人都会感到非常震撼。虽然这样的作品现在市场很小，创作过程也需要耗费巨大的人力、物力和财力，但我还是打算倾其所有去完成。

四、传承路上心随玉走

王： 您已走过30多年的玉雕路，可当您面对一块玉料时，就像那些不敢轻易动笔的书画家一样，每一刀都那么谨慎。您说："不能为了炫技，去折损玉石本身的魅力，工匠与大师的区别就在于此。"我们该如何理解这句话呢？

苏： 国家级非遗项目"北京玉雕"承载着博大精深的中国玉文化和中国文明史。中国玉雕文化博大精深，只依靠工艺技巧是不足以表现的。现在我觉得我之前的理解太浅薄了。记得我第二次从深圳回到北京的那段时间，因为经历过北京和深圳两地磨炼，玉雕技艺达到了一定的水平，有点骄傲自满，出现了浮躁心态，总想用极其精巧的雕工来显摆自己超高的技艺。有一次在做一件活链作品时，由于过度追求技艺的高超，导致未完工的活链断裂，至今都感到万分痛惜和后悔。那次失败促使我深刻地反思，也让我沉下心来，逐渐从只追求玉雕技艺的高超，转变为对玉雕文化的探索和思考，力求玉雕作品的思想内涵。

我生长在北京，在京城深厚文化的熏陶下，我对中国玉雕特别是北京玉雕有了更深层次的理解，尤其是作为非遗项目"北京玉雕"的代表性传承人，去博物馆参观学习已成为习惯，必须对博大精深的中国玉文化不断学习和探究。我也逐渐体会到，玉雕艺术离不开对玉本性的认知和理解，如果仅仅是因为懂得绘画就往玉上生搬硬套，那只能是一个工艺，而不是艺术。所以，我认为绝不能为了所谓的技术，去折损玉石本身的魅力。大道至简，一件玉雕作品的灵魂应该是玉石本身的内涵。只有心随玉走，抓住它的灵魂，才能做到以玉言德、以器载道。

我认为在玉雕技艺达到一定纯熟度以后，就应该用它去展现内容，也就是说，应该从工匠转变为设计师，然后由设计理念带动技艺的发挥，逐渐相互完善，从而实现作品所要呈现的内容。

王： 作为女性玉雕大师，您以女性独到的眼光和细腻敏锐的感悟创作出很多具有丰富文化内涵的作品。"玉唐卡"题材是您未来探索和实践的一个方向，完成这样宏大的佛教题材作品需要耗费巨大的心力、体力和财力。作为国家级非遗项目"北京玉雕"第三代传承人，这么多年来，您从各个方面为"北京玉雕"甚至中国玉雕做出的贡献令人肃然起敬，行内人均盛赞您是"北京玉雕"名副其实的担当者和传承者。

苏： 其实我在工作的时候，从没在意过性别的问题。以前在车间时，我也是穿着雨鞋、雨衣，操起那种大电机去做大山子，切料和打磨玉石的声音震耳欲聋，粉尘四处飞舞。一件玉雕作品至少需要几个月才能完成，除了要有耐性，还要能全神贯注地长时间坐着不动，因为玉石昂贵，任何雕刻失误都可能造成不可逆转的损失。那时就是一门心思把活干好，从没想过成为大师的问题。关于我的作品中是否有女性角度的表达和女性的柔美，我自己也说不清楚，也许如润物细无声般地在渗入吧。

玉雕作品是一种可以经历无数年存在于世上的东西，这一点让我感慨万千，也就是说它能代替创作者在世上存活很长时间。这么多年来，我极力通过玉雕去表现我要表达的东西，尽量让我个人的标签呈现在作品上永久地存在，这就是我人生的一个目标。我觉得人生不过百年，而好的玉雕作品却可以万年不朽。所以我们应该用有限的几十年，好好地努力去创作具有代表性的作品。我觉得这一生能做玉雕，真是非常幸运而有意义的一生，而且功德无量。因此，我愿意倾其所有去探索、去创作更多宏大的作品。

王： 这次访谈，让我真切地感受到了您端庄大气的气质和友善平和的性格。您从事玉雕30多年，始终秉持自然简洁且富有创意的设计理念，坚持遵从玉石的自然属性，合理运用特色玉石俏色巧雕，化腐朽为神奇；您以深厚的文化内涵及独树一帜的创作理念，将诗书画印中的经典名作与玉石本性融合，您以开放的心态兼容了南北玉雕的风格之长，不断地在践行和探索非遗项目"北京玉雕"的传承和发展。

苏： 我愿继续努力传承非遗。我始终认为非遗传承也需要创新、需要融入时代元素，否则会逐渐萎缩，这就需要非遗传承人承担起非遗延续与发展的重任，进一步挖掘和创新非遗之美，将非遗融入现代生活、展现当代价值。

"玉唐卡"题材的作品，是我未来将继续深入探索实践的方向，我现在正在倾心打造一件更加宏大的玉唐卡题材作品《释迦牟尼重返人间》，希望它能早些时日问世。

作为"北京玉雕"的传承人，我要守住初心、顺应时代，坚守传承，这既是责任，也是义务。我要以工匠精神、精益技艺、传承非遗之美。❧

以"新"焕新：新时代少儿农民画孵化的路径

杨月萍

摘 要： 小学美术教学中将现代民间绘画（农民画）与儿童画相融合，创造出既能体现农民画风格，又不失儿童画本真的艺术作品，这将对民间文化的交流起到积极的作用，能更好地传承民间文化。秀洲农民画种类丰富，有自然风景、劳作场景、风俗习惯等艺术资源，少儿农民画的创作可以弥补现有美术课本内容的不足。通过借新题材创新内容、用新材料创新手法、探新形式创新风格三大板块的路径孵化，提高学生美术创作、审美和思维能力，使地方非遗传统文化得到更好传承与发扬，也使美术教学迈上新台阶。

关键词： 秀洲农民画；非遗传承；孵化

少儿农民画，指儿童借鉴和融合民间美术的造型、色彩、构图等特点，融入对生活的真实感受进行创意性的绘画。在内容上以家乡生活的景、事、物、人作为表现内容；在表现方法上，采用新纸张、多材料、异媒介等，进行辅导方式革新；在艺术样态上，吸收其他民间艺术、非遗元素等，使少儿农民画呈现出一种质朴纯真的"风格"作品。少儿农民画传递画面形象关系、色彩意蕴和形象符号，表达内心情感、意识和思想。

1988 年，浙江省嘉兴市秀洲区作为文化部首批命名的"中国现代民间绘画画乡"，上海外国语大学秀洲外国语学校设立农民画后备人才基地，将浙江省非遗项目"秀洲农民画"引入课堂，激发学生对民间美术的兴趣，让生活在江南水乡的孩子了解农民画创作的思想精髓。在开展"农民画进校园"教学实践中，形成显著的美育特色，同时在"双减"背景下，为丰富学生课余生活、提升学生审美素养、充实学校美育教育做出努力。

研究创新的美术教学模式，使孩子学得轻松、自由，作品富有原创性和展现学生个性。杨景芝等《青少年艺术转型教育》指出："近年来民间文化热，反映我国的文化意识自觉，学习民间美术成为一种时尚，也成为儿童美术教育的重要内容。"[1] 将非遗项目"秀洲农民画"引入课堂，旨在让学生感受农民画创作的思想精髓，推动新时代儿童对美术作品的探索。学生通过社会调查、课堂实践、创意表现，培养学生对地方文化的认识、传承与发展。少儿农民画教学创新让学生置身于新时代农民新生活情境，其有助于展开多视角美术教学创新。少儿农民画教学创新提出"以'新'焕新"的学教方式。引导学生走出去，捕捉生活中的精彩点，激励学生挖掘新内容、探索新材料、运用新手法，以此培养学生美术核心素养和儿童画原创表现力。

一、情境性诱导

通过美术教学实践，不断地优化孵化路径，以呈现更原创、本真特色的儿童画作品。通过聚新题材创新内容、用新材料创新手法、探新形式创新风格三大板块的研究，推进新时代少儿农民画学教路径创新。

从新时代新生活的真实情境入手，挖掘少儿农民画的新题材，运用诱导方式孵化新的内容，助力新创作。教学中，主要采用"入情境—寻素材—定主题—新创作"四步教学加以推进。

1. 聚新农民，创新人物画

2021 年中央一号文件提出全面实行乡村振兴，如今的新农村有着翻天覆地的变化。在这场前所未有的变化中将诞生一大批新农民，新农民的蜕变主要有三个新：一是新形象，新时代的农民爱时髦、爱打扮、家庭环境布置等方面有了新的改变，体现了时下新农民形象；二是新劳作，网络直播售货、家庭工厂作坊等让农民有了新的角色；三是新休闲，乡村广场舞、健康绿道行等休闲健康的生活方式。这些都是表现新时代新农民形象的好素材，引导学生创作人物画时，重点诱导聚焦这些新变化，着重表现他们的新形象，

作者简介：杨月萍，上海外国语大学秀洲外国语学校高级教师。

传递对新时代新劳动人民的赞美之情。

2. 聚新农耕，创新场景画

新时代的农民运用新科技革新农耕方式，比如机械化播种、自动型收割与采摘、无人机施肥、人工降雨等，展现了与传统农业大不一样的场景，引导学生直面机械化新农耕的情境，其有助于学生挖掘更多的劳作素材。学生在传递信息中，梳理总结出创作的思路，从生活、自然中感知少儿农民画创作的趣味内容。如执教《农忙时节》一课中，采用"情境式体验"方式，教师引导学生回忆生活中各种劳动场景，观看当下农耕采用机械化操作的视频，展开主题创作分享会。学生通过"自主学习—信息互换—主题构思—定稿创作"的过程，抓住新时代农耕场景的特点，作品具有生活性、情感性和原创性。儿童通过美术创作用独特的视角展现社会进步新面貌，表达对劳动人民的赞美。

3. 聚新活动，创新风俗画

新农村的"民俗非遗活动"，年年办年年新。农民画家们生动地描绘《过大年》《元宵节》等作品，这些作品中透着淳朴与真情，它是一种活着的文化。这样的民俗活动，如何让学生更好地了解与传承呢？可以采用"抓趣点"的方式，激发学生的创作兴趣。如执教《端午习俗》一课时，教师引导学生了解非遗项目"端午粽子"这个题材，抓住包粽子比赛这个趣点，开展真实体验活动。通过"学—做—创"的实践过程，身心体验感强，这样用心创作的少儿农民画作品，画面更生动。《艺术》课程标准提出美术与音乐、文学、科学、劳动等学科融合，实践"以美育人"的教育新理念。此刻，学生不仅是为了美术创作，更多地掌握生活技能和对美好生活的热爱。

新时期的农村有着丰富多彩的新活动，如2018年设立的"中国农民丰收节"，举办各种趣味的"庆丰收"活动，其他还有农民运动会、时尚婚嫁等新习俗打破农村传统的做法的束缚。这些不仅反映出农村破旧立新的变化，更折射出新农人的先进思想，都可以作为新时期少儿农民画创作的好素材，为此鼓励学生分组进行调查、访问、摄影等，通过"选取—整理—构思"，从儿童的视角表现新农村新风尚。

总之，学生在聚新题材创新内容过程中，要抓取兴趣点进行搜寻、勾勒、创绘，表现出民俗活动的喜庆和热闹。更重要的是，通过新内容的挖掘，继承和发扬祖国传统文化。

二、实验性探索

通过实验性探索，不断地优化孵化路径，帮助学生找新材料创新手法。美术是材料的艺术，因而引导学生进行少儿农民画的创新，广泛地开展新材料的实验很重要。在教学中，鼓励学生通过"寻材料—探特性—创画面"三步探索，充分发挥学生的主动性和创造性，让学生在创玩中发现新手法。

1. 找新纸张创新肌理

当前适用于美术创作的纸张品类纷繁，传统的农民画主要用水粉纸、宣纸。其实，不同的纸张有不同的肌理效果，比如油画纸表面粗糙，可以创作出斑驳的肌理感；水彩纸可以产生水痕淋漓、自然晕染的效果；铜版纸的光滑特性，可以做色彩的半透明重叠效果；还可以用纸巾、布料来做肌理图案等。鼓励学生创作少儿农民画时，在各种纸上进行"材料实验"探索，甚至可以打破传统方式，在棉布、草纸、木板上革新表现。如执教《秋收》一课时，尝试用"有色宣纸＋彩墨"进行表现，很好地出现晕染效果，打破传统农民画规整的造型方式，表现出秋天景色的色彩意境之美。这样的创作，学生基于传统又不断创新。

2. 找新画笔创新笔触

传统的农民画都是以色块平涂为主，表现语言单一。在少儿农民画辅导中，我们鼓励学生尝试用马克笔、油画棒、炫彩棒、色粉笔等新画笔，还有树枝、板材、纸巾等作为画笔，表现笔触美感。如用"炫彩棒＋水"变化出水墨风格、用"油画棒＋水彩"揉擦出莫奈风格、用"马克笔＋彩铅"设计出梵高风格。当前这样有笔触创意的少儿美术作品还很缺乏。积极鼓励学生创新笔触，开展笔触实验，进一步拓宽少儿农民画的表现形式。

3. 找新颜料创新画法

全国各地的农民画大部分以水粉颜料绘制，如何借用新媒材来创作少儿农民画呢？儿童的天性是喜欢创新，可引导他们用各种各样的新颜料去表现新视觉的画面，比如可以用版画油墨、流体颜料、固体水彩颜料等。创作时，可以将"传统颜料＋新型颜料"加以有机融合，推动其呈现多样化的艺术效果。除了画的方法，也可以用各种颜料进行拓印、印染的方式来表现，也可以尝试将"画＋拓＋印"融合，表现出独特效果的作品。如辅导《捕鱼》主题作品，先尝试用水墨拓印，做出水墨淋漓的肌理，再用水粉厚画法添加鱼和网，生动地展现鱼儿在水游动的势态。材料的综合运用，给作品增添了情趣。

三、特色性挖掘

通过特色性挖掘，不断优化孵化路径，帮助学生探索新形式、创建新风格。

风格是儿童画原创力的重要表现。农民画是一种群众艺术，它也难逃一些群体作品的模式化倾向，大色块，色彩鲜艳，构图饱满，主题突出，夸张变形，这些都是农民画的成功之处，但久而久之，也就不免有些感觉平平。[2] 为此，少儿农民画进行新风格的探索时，强调从造型、色彩、构图等多个方面探索新风格，以此凸显少儿农民画作品的独特性。通过"研形式—试形式—创形式—新风格"四步学法，进行特色修炼。

1. 探新造型创新视角

传统农民画的造型主要采用年画的图式进行表现，长此以往会导致农民画造型千人一面。为此，可通过欣赏新的姊妹艺术，发掘其可以吸收的内容。可以从抽象的点线面组合、动漫的可爱造型、版画的简约形象、立体主义的多视角叠加、动态雕塑的线性表现、定格动画的连续性特点等，来进行灵动视角的造型设计。如在学习"抽象的点线面组合"造型方法时，在《生活的足迹》一课教学中，鉴赏秀洲农民画家吕亚萍的农民画《赤脚走在田埂上》，解析其艺术表现手法来引导学生创作，学生通过对画家作品的"以形探意—触景生情—观色创境"来激发创作灵感，学生巧用剪纸拼贴的方式大胆造型，这样的大色块抽象剪纸作品艺术性强，突破了少儿农民画造型的束缚。此课的实践成果，在《中国中小学美术》2021年第12期发表。[3]

巧用新视角的少儿农民画，更能打动人心，表征艺术境界。少儿农民画表现形式上的新视角，必将有助于构筑其作品的新画面，发展学生的个性造型语言。

2. 探新色彩创新色调

传统农民画作品的色彩往往繁多艳丽，已经造成视觉的同质化。为此，引导学生可以从农民画色、蓝印花布色、敦煌色、故宫色、唐三彩色、彩陶色、景泰蓝色等中国传统色，以及西方名作中的莫兰迪色、蒙德里安色、莫奈色、米罗色等中找到新的色彩表现法。如农民画色彩学习时，采用"读取—提炼—运用"的色彩移植方法。在欣赏农民画作品时，巧妙地进行色彩转移，剖析出色调、解读出色块。利用儿童绘画的心理，讲究"色要少，还要好，有色调，更要巧"的定律，用独特、全新的色调去构筑新的作品，让学生对新的农民画色彩有种敏锐感。

3. 探新构图创新空间

传统农民画构图讲究完整、圆满和对称。如何打破这种满构图的固有形式，就需要引导借助岩画的自由式构图、中国画中的留白散点透视与边角式构图、汉画像砖的剪影式构图等传统艺术中找到新的构图样式，同时更要引导学生借助现代设计中的构成手法、装置艺术构成手法和绘本的延展式构图，以此展现少儿农民画艺术新的视觉空间感。

有效地提高学生美术创作能力，成功的关键是学生对新方法的掌握与运用。借鉴民间美术创新孵化儿童画作品，不应停留于形式的转变，而应不断深入学习，追求学生原生能力的全方位拓展。基于此，学生在一次次作品创作中，更应该总结提炼，突破传统，在原有的基础上进行再创作、再思考、再革新，将自然、生活与美学融为一体。

四、结语

在大力倡导素质教育的今天，美术教育在完善与提高人的素质方面具有的独特作用。基于《艺术课标》的实施，用秀洲农民画的艺术特色来孵化儿童画的创作，不仅能让学生认识本土文化艺术，而且有利于文化的传承和发展，更是在课程融合学习的过程中综合发展学生多方面的艺术能力，形成良好的审美品格。同时，在"双减"政策背景下，学生掌握有效的学习方法，有助于提高学生的自主学习、创造意识和思维能力，实施高质量的教学。❀

参考文献：

[1] 杨景芝，黄欢.青少年艺术转型教育 [M].武汉：湖北美术出版社，2016：36.

[2] 郑土有，奚吉平主编.中国农民画考察 [M].上海：上海人民出版社，2014：439.

[3] 杨月萍.农民画走进课堂魅力大——以"走过的、想到的"一课谈美术创作教学中的情感渗透 [J].中国中小学美术，2021（12）：42—45.

非遗视角下民族传统体育与学校体育融合的实践研究

——以上海市市北中学校本课程"青春太极拳"为例

秦明珠　　赵亚杰　　王丽萍

摘　要：体育类非遗项目是中华民族的智慧结晶与现代文明的精神链接。在非遗视角下，学校体育有着传承和凝聚优秀传统体育文化的功能，在科学性与原真性下找准学校体育与民族传统体育融合的基点，促进二者的融合，是传承民族文化、激活新生代力量传承的有效途径。校本课程"青春太极拳"是上海市市北中学自主研创的一套符合青少年身心特点的太极拳，具有完备的校本教材、教学视频，以及对高中生身心健康影响的实验研究，"青春太极拳"的实践研究从民族文化推广走向科学创新，进入课堂、纳入早操，多维角度关注青少年的身心健康，推动青少年太极拳的传承与发展，引导激励广大青少年弘扬中华优秀传统文化。

关键词：民族传统体育；"青春太极拳"；体育融合

上海市市北中学为创造人文生态的高中生活，实现文化与运动的共驱，将校本课程"青春太极拳"从基础认知的构建学习拓展到与民族传统文化的对话，清晰地定位了"青春太极拳"的研创基点，遵从太极拳的历史原真性，在科学训练的保障下，强化传统历史文化的浸润和学友文化的兼容升华，实现学会太极而又超越自我，与天地为友、与自然为友、与自我为友的目标。

一、校本课程"青春太极拳"的研创基点

民族传统体育与中国历史文化的互构性与原真性，"在学校体育中以创新的活态式教育进行传承与弘扬"。校本课程"青春太极拳"民族传统体育课程的开发与建设的意义在于传承与弘扬生生不息的民族精神，在底蕴深厚的传统文化中汲取力量，将青春活力融入体育健身，引领学生传承弘扬经典传统文化。

1. "青春太极拳"的文化理念

上海市市北中学传承民族传统体育项目太极拳已有20多年的历史，一直在课堂和早锻炼时间推广习练"精简太极拳"，在2012年前后，学校在传统和现代的交叉点上寻求突破，以现行的高中《体育课程标准》为依据，根据学校体育课程改革的思路，参照武术教材基本内容中的"简化太极拳"部分，学校体育组在"青春、文化、终身、国际"的教育视角下研创了一套校本课程"青春太极拳"。[1]其四个基本教育理念如下：一是青春的，即符合青少年身体成长的特点，学生确实喜欢；二是文化的，即要弘扬太极拳精神，体现中华传统文化，防止改偏走样；三是终身的，即让学生掌握这一健身技能，长期锻炼、终身习之；四是国际的，在世界交往中太极拳就是我们的文化特色，受到尊重和欢迎。

2. "青春太极拳"的动作特色

在中华传统文化历史传承方面，"青春太极拳"依据青少年的身心特点，在太极拳动作结构的创编过程中，以虚实相辅、开合相承、动静相结合，全套由33个结构严谨的动作组成，时长约为三分钟，动作自然流畅，兼顾方位的变化，其中融入各式太极拳的典型且具有代表性的动作实例，特别是"转身推掌"，以一个基本步伐的转换形成四个方位的呼应，动作节奏清晰舒展，且练习范围在1—2平方米，适合在早操锻炼等大型集体活动中练习，创编巧思，适用性强。

为让青少年更好地感受中华民族传统文化，校本课程"青春太极拳"还与民族传统古典音乐相结合，本套太极拳的背景音乐由上海市著

作者简介：秦明珠，上海市市北中学中教一级教师；赵亚杰，上海市市北中学中教二级教师；王丽萍，上海市市北中学中教高级教师。

非遗进校园　Intangible Cultural Heritage on Campus

非遗传承研究　2023（2）

名作曲家左翼建专门为"青春太极拳"量身编创，音乐的旋律节奏根据太极拳动作的闪转腾挪、虚实转换而不同，巧妙的旋律蕴含在动作结构中，学生可以根据音乐的节奏揣摩动作的转折，就能更加沉浸式地练习、活化太极拳。

在整个"青春太极拳"的创编制作过程中，从前期动作创编到后期教学视频的拍摄，包括书中图片的制作，都由学生全程参与，切实从学生的身心特点出发，让学生从文化传承的根基体会到太极拳的发展历程和学校的"学友文化"理念，每个人因学而独立，以学为友，又以友而青春多姿，充分展示学生的个性化发展，书中以太极拳的文化背景为主线，勾勒出每一个动作的典故由来，以文化的力量去润泽学生的价值观，拓宽学生视野，以多元的文化辨析、呈现出深厚的文化渊源，让太极拳立德树人的文化底蕴深刻地影响学生的品质言行，恰到好处地让青春心智成长变得行云流水。

二、融合的实践研究

校本课程"青春太极拳"应用推广的实践性研究，主要通过创编校本教材《青春太极拳》、拍摄配套的宣传教学视频、进入学校体育课程，进行全校普及推广；通过成立太极拳社团，开展太极拳竞赛等方式呈现，切实为学生的个性化发展搭建一个传统文化平台。在实践研究推广中，既要保持太极拳的原真性，又要保证"青春太极拳"科学合理地实施，综合多方面的教学教研、科学实验、课题研究，在活动中打磨，以学生为主体，在心灵深处凝聚文化积淀，以学为友，激发生命共同体，促进学生身心健康的发展。

1. 融合的科学原真性

在校本课程"青春太极拳"的创编过程中，为防止改偏走样，在体育组组长王丽萍的主创下，得到了历任上海市武术队总教练、上海师范大学体育学院张福云教授、复旦大学体育教学部陆根秀教授，上海武术院少体校校长、武术高级教练冯坚江，上海市体育特级教师、原新中高级中学校长徐阿根，以及上海师范大学体育学院高幕峰教授的倾力指导。创编过程经过反复的实验、评估、审改、测试、归纳、研究总结，最终形成一套适合青少年习练的民族传统体育特色项目。

"青春太极拳"应用推广与科学训练的基础保障，来自学校对"青春太极拳对市北中学高中生身心健康影响的实验研究"，通过"青春太极拳"运动的课堂教学实践，选取学校16个班

级的400名学生参与运动实验研究，实验过程中主要从学生的运动生理负荷和心理健康两个维度进行数据采集，制作运动量表进行对比研究，探究青春太极拳运动实验前后的健身效益。通过实验班和对照班的数据，学生在BMI（身体质量指数）、WHR（腰臀比）、握力、仰卧起坐、心肺功能、柔韧度和心理健康方面都有显著提升和改善，特别是青春太极拳对改善学生抑郁情绪状态显著好于对照班学生，因为太极拳融合技击与修身养性的特点，能更好地帮助学生缓解紧张学业中的压力，降低紧张和焦虑感。

同时，学校还建立校本课程"青春太极拳"的学习评价表，其评定内容主要依据《青春太极拳》所学习的五大模块要求，通过在教学过程中学习效果的采样对比，对学生发展的目标要求以及综合成绩进行评价研究，评价的重点不仅仅是在教学课程实践中学会运动方法，掌握运动技能，而更重要的是要让学生在教学活动中通过同伴对自我的评价、自我掌握知识能力的评价以及教师对学生知识掌握程度的评价，积极引导学生主动参与探究，从根本上实现学生学习主动建构知识的过程，不断巩固练习，提升课堂教学的实效性；有效地学会知识的迁移和应用、超越自我而形成正确的生命态度与生命意识，提升学生的体育认知与终身体育观念，促进学生全面发展，以此加强民族传统体育在学校推广的实用性与科学性。

2. "青春太极拳"的课程教学实践

"青春太极拳"在高中学段的教学实践，依据五大教学模块依次循序渐进，在结构化的模块中，注重单元之间的联系与运动能力生成的任务设计，提出教学问题链和活动任务，以创建实例、分析实例、重难点问题的解决为核心，形成具体的学习活动方案与学习评价方法。例如针对初级阶段的太极拳基础教学设计，编创太极步法训练的练习，将基础的步法形成组合，根据任务单分层次的练习，通过师生评价、自我评价和综合评价达到因材施教，主动学练的目的；并在课堂教学中进行太极拳活动情境教学，在练习时以太极拳背景文化的渲染烘托，从比赛情境出发，融入太极拳的攻防技击，让学生了解太极拳单式动作的文化底蕴、掌握技能方法，并拓展延伸到动作的攻防与技法运用中，三位一体，全面加强动作技法的理解和深入，积极引导学生主动参与、乐于探究、善于实践。

校本课程"青春太极拳"结合学校的文化理念，以多元的文化辨析呈现出深厚的文化渊源，立德树人，拓宽学生视野，为每个学生的终

身发展奠定基础。例如通过揽雀尾动作的学习，以文化渊源为启发进行教授。传说杨氏太极拳的创始人杨露禅将麻雀放在手心，听麻雀的蹬劲顺势而为地化解蹬力，不能飞走，延伸到做动作的时候，将对方手臂比喻为雀尾，通过"掤、捋、挤、按"四个组成动作的重难点剖析，形成太极推手基础的手法，以此在高三的课程中加入太极推手的拓展部分，通过大气谦和的推手练习让学生感悟太极推手隐去落空的力量化解之趣。

"青春太极拳"课程的教学实践通过构建课程教学基础，多维度、有层次地进行综合性研究，把握课程目标的整体性与全面性，从育人目标、课程目标和学习目标三个方面指向学生太极拳基础运动能力、太极拳技能方法与社会适应能力的提升；培养学生以形养意、谦和礼让、持之以恒体育品德的核心素养提升，引导学生个性化发展，弘扬民族传统文化。

3."青春太极拳"活动实践推广

在民族传统体育深厚底蕴的影响下，学校开展晨操太极拳锻炼，以社团学生对太极拳的热爱，带领学生开展社团活动和校级太极拳竞赛活动，激发学生运动兴趣与内驱力，促进学生个性化发展，养成持之以恒的体育锻炼习惯与健康向上的学习生活方式。

同时"青春太极拳"在一些活动中崭露头角，多次出现在市区级活动中。"青春太极拳"参与学校百年校庆太极展示活动，参加每学年的学术季社团展示；在上海市校园男子汉文体专场汇演上的太极演出更是精彩绝伦；参与2018年学校青春飞扬专场音乐会演出；各届新生在东方绿舟国防教育文艺晚上代表学校在静安区的各大学校中进行展示，为学校争得荣誉；"青春太极拳社团"获得校"明星社团"、2017年静安区学代会社团评选获得"优秀社团"称号等荣誉。在2018年，"青春太极拳"代表上海市报送国家教育部参与《中国青年报》主办的全国"亮手绝活儿，见证传承的力量"新年大型直播活动的展示，深受好评。2021年4月在上海电视台五星体育频道"阳光校园"节目中，专题展示了上海市市北中学校园阳光体育风采"青春太极拳"。"青春太极拳"在传统文化的推广上一直以学生为中心，旨在期待青年一代优秀传统文化的弘扬。

此外，"青春太极拳"期待学生以太极拳的基础学会太极拳知识的迁移和科学锻炼，并获得太极拳技能应用能力的提升。在此前疫情常态化的影响下，为增强学校学生身体素质，提升抵抗传染病的免疫能力，学校提出"防疫锻炼强体魄，正是太极战'疫'时"倡议书，倡议在居家运动中学生以家庭为单位，积极参与校本课程"青春太极拳"的体育锻炼，并以对太极拳文化热爱，加强教师团队太极拳文化建设，强身健体、修身养性，养成健康的生活方式，建立终身体育的意识，增强社会责任感和民族自信，弘扬中华传统文化。

4."青春太极拳"的核心德育价值

"青春太极拳"作为学校传统特色体育项目，以德育人，用传统文化浸润学生，为学生搭建展示平台，建立专业的太极拳馆，从硬件设施的保障到文化软实力的发展，旨在将专项运动技能与优秀传统文化相结合，达到健身育人、立德树人的学科目标，为青少年的终身发展奠定坚实的基础。

"青春太极拳"以形养意，立德树人，以规范动作的专业性培养学生的中正大气，养成持之以恒的意志品质，以太极精神影响终身，形成终身体育的坚持。同时，每一个太极拳的攻防练习，能培养学生勇于进取的品质，树立自强不息、坚持不懈的钻研精神。

"青春太极拳"以辩证的哲学思想关注学生身心健康，其动作连绵不断、衔接和顺，指导学生做事情有始有终、身心兼修；"青春太极拳"静如山岳、动如江河，能指导学生韬光养晦、厚积薄发；"青春太极拳"变转虚实、专注一方，体悟与人为善，懂得中和仁义之美，达到德术并重，深刻地展现民族传统体育的核心力量与价值理念。

三、结语

在非遗保护与传承发展过程中，校本课程"青春太极拳"以时空的连接性与活态的创造性，秉持民族传统体育的基本精神形态，探寻太极拳非遗项目的发源与历史文化，让校本传统体育项目的文化载体功能，在时间跨度里孕育传承的力量，民俗文化的传承者用坚持守望未来，青年一代用青春的名义一起见证传承的力量，用青春太极拳立德树人的文化底蕴影响学生的品质言行，自然而又充满生机，促进提升学生的身心健康，深刻地展现了民族传统体育的核心力量与价值理念。◈

参考文献：

[1] 陈军，王丽萍主编.青春太极拳 [M].上海：上海交通大学出版社，2018.

城市化进程中非遗的活态保护与跨界实践

——以南汇新城为例

唐 嫆

摘 要： 上海浦东作为中国改革开放和现代化建设的引领区，伴随着城市化的高速发展，当地的非遗保护面临新的挑战，尤其是位于浦东东南沿海的"未来之城"南汇新城，环境的变化、文化的冲击使其非遗项目的传承和发展遇到了一定的困境。文章通过研究南汇新城近年来非遗保护工作的经验和做法，结合国家对于南汇新城的战略规划和发展定位，探讨非遗在活态传承的同时，通过赋能，展现新城擘画未来的发展蓝图。

关键词： 南汇新城；非遗保护；活态传承

南汇新城是中国自由贸易试验区临港新片区的主城区，上海五大新城之一，位于上海浦东南部，东至长江、南至杭州湾，已经成为上海乃至全中国城市化进程最快的一片热土。城市化的飞速发展、环境的变化和社会的转型，会使当地的非遗面临毁损乃至消失的威胁。但好在作为非遗传承主体的意愿和主动作为，使我们到现在依然可以看到东海之滨颇具农耕文明及海洋特色的非遗项目，笔者尝试通过南汇新城镇非遗保护工作中的经验做法，创新传承工作中的碰撞融合，新城战略谋划中的瓶颈突破，探索非遗在城市化发展中的活态保护和跨界实践。

一、非遗保护中的难点

狭义的南汇新城镇从行政地域上看，整合了原申港街道、芦潮港镇和老港镇的部分区域，在成立时仅有一个上海市级非遗项目"鸟哨"，后于 2017 年立项浦东新区级项目"渔具制作和捕捞技艺"，现有上海市市级传承人 2 名，浦东新区区级传承人 3 名。在城市化进程中，南汇新城面临着非遗保护的若干难点，经济全球化带来了文化多样性的冲击，现代化建设导致了

生活环境的变化，人口的快速流动使传承主体和受众人群受到双重的缩减。

1. 非遗项目丧失土壤

南汇新城起初是为配套洋山深水港的开发，于滩涂上筑堤而建造的。曾经是一片不毛之地，尽是茫茫芦苇荡，群鸟云集。当地的居民靠海吃海、捕鸟捉鱼，凝聚成了这片土地上不可磨灭的生活记忆和集体智慧，也从而形成了今天南汇新城极具特色两个项目"鸟哨"和"渔具制作和捕捞技艺"。而如今这样的生产方式有的受环境保护的制约，有的被机械化所替代，野生鸟类已被禁止抓捕，只有零星地从事非产业化的捕鱼工作，这两个项目都已失去生存环境和社会意义。

2. 非遗传承主体流失

城市的现代化发展带来了人口的高速流动，原来从事传统生产的人们有了更多的谋生方式和职业选择，传统技艺的生产周期已满足不了人们的现实需求，使原本高投入、低产出的非遗传承主体流失。"鸟哨"传承人中最年轻的也已 63 岁，"渔具制作和捕捞技艺"的传承人平均年龄为 70 岁，周围也是年龄相仿的老手艺人，平时还会配合科学研究的需要，进行海洋

作者简介： 唐嫆，上海市浦东新区文化艺术指导中心非遗办馆员。

非遗在社区

Intangible Cultural Heritage in the Community

保护和科研方面的辅助性工作。关于传统技艺的存续问题，此类非遗对年轻人的普及性传播较多，深入性的传承较难，也面临着传承队伍青黄不接的困境。

3. 非遗受众人群减少

曾经的生存技能，在非遗历史、文化价值的赋能下，已逐步开始转化发展，但无论是艺术化的塑造还是产品化的打造，对于来自五湖四海的新城建设者来说，都始终是极为小众的一部分。在文化交流中发展中国家的文化往往处于弱势地位，易受到西方强势文化的侵蚀，有面临消失的潜在危险。[1]尤其是对南汇新城这样的发展新城来讲，在全球化加深和文化多样性的冲击下，一方面是生活的距离感，一方面是选择的多样性，非遗项目要在文化和市场中占有一席之地，赢得更多新浦东人、年轻人的情感认同，还需要长期的环境营造和创新开拓。

二、非遗保护中的突破点

近年来，浦东不仅取得开发开放的瞩目成果，非遗保护工作也积微成著，并在全民共享保护成果的道路上稳步向前，特别是在南汇新城的建设中，也体现出资源的高质量融合与品牌化倾注，其中传统文化的传承工作起到了很好的推进作用。无论是基础性保护、品牌化传承还是创新性探索，都使这块土地上的非遗项目呈现出较强的传承活力和文化影响力。

1. 来自历史的丰富积淀

南汇新城是规划图纸上的"新城"，但其实从历史流变来讲，广义上的南汇新城还包括的浦东辖内周边的泥城镇、书院镇、万祥镇，就是我们俗称的"临港四镇"，再加上南汇新城镇的芦潮港，都是历史里的"老镇"。他们有一个共同的名字，就是上海的"郊区"，在传统的城市规划中，郊区就意味着尽管是在上海，但开发强度从来不高，所以在这块土地上，应存在一批保存较好的、接近原始状态的非遗，所幸在高速发展前，我们都挖掘立项了起来。除了之前提到的两个项目，"临港四镇"还有"石雕""手工织带技艺""浦东地区哭嫁哭丧歌"等上海市级项目6项，"芦苇编织技艺""醉螃蜞制作技艺"等浦东新区级项目4项，在各类文体活动中，各镇将非遗资源整合联动，开展了

"风雅临港　筑梦蔚蓝"临港四镇文化走亲、浦东新区"非遗在社区"成果展南汇新城专场等活动，让源于生活的非遗项目，重新走进百姓视野、融入百姓生活，焕发全新的活力。

2. 来自情感的集体归属

在新城的建设中，外来建设者是不可或缺的力量，无论是新浦东人还是本地居民，了解自己所为之奋斗的这片土地的历史脉络和传统习俗，达到文化认同和内心稳定，才能更好地双向奔赴，非遗就是这一剂良药。南汇新城镇在文化中心和居委都建立了非遗工作室，结合"非遗在社区"工作，并与2个项目5位传承人签订传承传播协议，每月开展一次非遗传承活动，寒暑假开展非遗线下课堂、云课堂等，让非遗融入民众日常生活。同时，在明珠临港小学两个校区、建平临港小学开展非遗"鸟哨"社团活动，2022年开展了42节特色课，共有学生180人参与。每一次外出的培训和活动，由于传承人年事已高，南汇新城镇都会有非遗专管员亲自陪同接送传承人来回，风雨无阻。在让传承人安心开展培训、讲座的过程中，也进一步提高了自己的专业水平，增强了传承项目的基本能力，探索了非遗的创新发展和转化，更加有利于非遗项目的传承和传播。

3. 来自艺术的重新塑造

非物质文化遗产是在一个民族或地区民众代代相传、世代延续的过程中逐渐积累形成的，并且在历史长河中不断发展，每一个历史时期都是其传播时期，也是其再创作的时期。[2]历年的春节联欢晚会舞台，都是一次非遗的盛会，2023年运用非遗艺术形式和非遗元素的节目占1/4以上，而南汇新城的"鸟哨"也是这一传承传播方式很好的呈现者。这些缺乏生态环境的项目，经过传承人的不懈努力，将传统场景通过舞台还原的方式重现，许多优秀作品就是这么走出来的。吹奏曲《海鸟催春》、小品《鸟哨声声》、舞蹈《募鸟哨韵》等，这些融合着非遗元素的传统艺术样式都活跃在群众文化的舞台上，2023年浦东群艺馆打造的《印象浦东》实景演出，开篇《开天诀》就是以《鸟哨》为主题的"快闪"形式，并在一个个精彩瞬间里贯穿始终。近年来，非遗项目或题材作品数量年年递增，也广受专家和群众的好评，这种将传

统文化通过不同艺术形式的转化加以重新呈现的方式，起到了很好的传承传播效果。

4. 来自项目的常态记录

2020年浦东启动了新一轮非遗抢救性记录工程，分四期四年推进，《鸟哨》于第一期已全部采录整理完成，整个记录过程体现了充分的科学性、系统性和规范性。从文献整理到技艺呈现，通过传承人口述、项目实践、传承教学等，做全面的采集记录，并储存在浦东非遗资源数据库系统内，实现数据分类存储和检索读取功能。同时，2个项目也都拍摄了短视频、云课堂等，在各级媒体平台上推送，特别是《鸟哨》已多次拍摄，记录了不同时期项目的历史和现状，从而形成了较规范的社区视频课程。我们每一次的记录就是给后人了解、还原非遗项目提供一个新的线索、增加一个新的可能性，现在，两个项目的传承人还会协助水产研究所出海研究海洋生物，或是配合鸟类研究，以预防某些疾病。

三、非遗在新城建设中焕发新活力

南汇新城是上海五大新城中最年轻的一个，也是最有无限可能性的一个，汲取到其本土传统文化的下一个目标，就是将其融入新城的建设中，并使其在更高的起点和规划中得到延伸。作为优秀传统文化代表的非物质文化遗产，其传播总体上是一种参与式传播，是一种浸润式、社群化"活态化"的文化传播，具有润物无声的文化渗透力和强大的文明影响力。[3] 在未来达到目标常住人口之前，牢固其人文底蕴和文化传统，用文化的魅力吸引和留住更多的高端人才，也通过新型人才让非遗传承焕发出全新的活力。

1. 依托新城文旅资源，打造非遗保护"融合特色"

南汇新城的核心滴水湖，除了城市核心区的功能外，旅游观光是其另一重要功能，特别是服务对象为国际化多元化的人群，既要包容又能对话，既能汲取也要输出。以南汇新城镇为核心，辐射至"临港四镇"，规划南汇新城文化旅游地图，从衣食住行等多方面生动地反映这座新城的非遗元素与文化、生活、休闲的碰撞和融合，如"鸟哨""渔具制作和捕捞技艺"就极具季节性和仪式感，是了解当地民风民俗很好的途径。同时，通过利用生态公共绿地、滨海生态湿地这些传统自然资源与城市建筑、景观空间的有机结合，把非遗元素融入其中，组织非遗发现之旅等非遗品牌活动，或打造传统街市场景等体验式、互动式非遗旅游景点，让非遗重回民众的视野中，成为值得期待的节庆传统项目。

2. 立足新城数字化进程，探索非遗保护"未知领域"

在文旅地图的基础上，整合成旅游文化休闲云图，并利用抖音、B站等新媒体平台，策划不同的热点专题和直播话题，打造完善非遗产品线上与景点同步的销售平台。在五大新城数字化转型规划中，南汇新城是以"数字孪生城"定位的，并使用在智慧城市建设方面，通过一些技术场景的精确演算和预判，从而在城市治理和发展中做出准确的判断和决策，这是数字孪生在南汇新城描摹"未来世界"的初步运用。在文化生态被打破的情况下，这样的数字孪生技术，或许也可以为非遗原生场景的复原和活态传承打开新局面、提供新的可能。

3. 结合新城文化产业发展，打破非遗保护"发展闭环"

非遗项目在传承传播过程中，本身产生了不同的价值和效应，在文化价值体现的同时也得到了经济价值的开发。就如同非遗来源于生活，又回归于生活一样，无论是在家就能完成的手工艺项目，还是非遗购物节、美食节，又或是非遗传承体验基地，我们都可以将非遗元素融入相关品牌活动和基础设施建设中，打造一批非遗产品，在不断优化的文化营商环境中，走向产业化和经济效益的创造，使我们非遗的保护方式由"输血"变"造血"，以"产"养"遗"。◆

参考文献：

[1] 胡玉福.非遗保护标准与文化多样性的矛盾与调谐 [J].文化遗产, 2018 (6): 10—18.

[2] 谭宏."非遗"生产性保护方式与文学艺术创作 [J].文艺研究, 2010 (9): 163—166.

[3] 钟茜, 莫继严.非遗保护的三个维度：传承性保护、创新性发展和参与式传播 [J].文化遗产, 2022 (4): 35—42.

新场古镇非遗传承的意义与原则

蒋 薇

摘 要: 古镇浓缩了一个地区的民族密码和历史细节,是传统文化的鲜活标本,也是文化遗产的整体再现。探究文化遗产保护在古镇发展中的重要作用,是一个不断求索与实践的重要课题。聚焦位于上海浦东新区的中国历史文化名镇新场,便可以清晰地洞察非遗传承在文化生态保护中的意义与原则。

关键词: 新场古镇;文化生态;非遗传承

古镇是当地传统文化最为集中的地方,真实地映射着在一定历史、地域条件下形成的生产和生活方式、人文风俗习惯、艺术表现形式等的文化生态。这种生态环境突出表现在古镇的文化形式和文化空间中。文化表现形式包括表演艺术、民俗活动、传统知识和技能以及相关的实物、手工制品等;文化空间则是呈现传统文化活动及其表现形式的场所。这些文化生态的支点,恰与该地区的非遗传承息息相关。如果我们聚焦浦东新场古镇的文化生态保护,就可以清晰地洞察非遗传承在其中的意义与原则。

一、新场古镇的文化生态

位于上海浦东的新场,于 2008 年入选为由住建部和国家文物局共同组织评选的第四批中国历史文化名镇名村,是一座有着近千年历史的古镇。新场因盐而成、因盐而兴,积聚了厚重的历史文化底蕴。与那些急趋商业化的古镇不同,新场是一座原味古镇,明清和民国时代的建筑保存率在 55% 以上,是上海保存得比较完整的历史古迹。如今的新场还居住着众多世系久远的原住民,其特有的语言、饮食、节庆、婚嫁、丧葬等习俗延续着古镇千年的文化脉络。

新场古镇还是一座民间传统艺术的集成地。浦东派琵琶、锣鼓书、灶花、卖盐茶、江南丝竹等项目已成为国家级和市级非遗。新场现有 81 处区级以上文物保护单位(点),有 10 个项目被列入各级非遗名录,还有非遗资源 80 多项。以盐文化、建筑文化、非遗、宗教文化、桃文化、原住民文化为内容的六大特有文化要素聚集于此,形成新场独特的文化生态。

新场古镇的居民沿袭成规,铺陈着老浦东鲜活的生活画卷。学者阮仪三认为:"新场古镇是体现上海成陆与发展的重要载体,是近代上海传统城镇演变的缩影,是上海老浦东原住居民生活的真实画卷,是历史和文化在这块土地上的完美融合!"[1] 物质文化遗存与非物质文化遗产在这里繁荣共生。

新场古镇的文化生态之所以会引人艳羡,多是因为这里的风貌保存没有丧失独特个性,没有盲目造"新"换"旧",没有断然改变世代相继的特色传承,而是面对千年遗产,脚踏实地拾级而上。当下,新场古镇的一些做法具有比较普遍的借鉴意义,其中最为突出的亮点就是关注非遗传承在文化生态保护中的意义和原则。

二、从古镇文化生态保护看非遗传承的意义

新世纪以来,随着中国历史文化遗产保护工作的快速发展,相关理念和制度不断完善,古镇保护的内涵和外延也在不断发生变化,尤为明显的是,不断加强非遗传承的重要举措。包括历史文化名镇在内的文化空间,不断丰富非遗活动、加大对非遗传承人群的保护和扶助,以保证文化生态的良好发展。非遗传承对文化生态保护意义重大,不仅有利于维系古镇传统文化的多样性,而且可以促进古镇的文化创新与和谐社会建设。

作者简介: 蒋薇,上海市文物保护研究中心副研究馆员。

1. 保护古镇传统文化的多样性

多角度的非遗传承，突破对于古建筑、古文物的单纯维护和修缮，促进古镇传统文化的多样性，使物质文化遗产和非物质文化遗产相得益彰，文化生态更繁荣。丰富多彩的非遗是文化多样性的生动体现，非遗传承的核心内容就是传承传统文化，保护民族文化的多样性。随着现代化发展，传统文化的生存普遍面临着危机，而新场古镇的文化生态呈现出的是百花齐放。在这里，非遗传承项目良多。其中，国家级非遗项目有浦东派琵琶、锣鼓书，市级非遗项目有卖盐茶、灶花、江南丝竹，区级非遗项目有浦东土布纺织技艺、浦东木雕、浦东三角粽制作技艺、凤露水蜜桃栽培技艺、新场"三月廿八"民俗庙会。这些项目均有相应的代表性传承人和传承人群，都展现着各自的传承与新意，也支撑起新场文化生态的欣欣向荣。

2. 促进古镇的文化创新

非遗是一种人类的创造，非遗传承的核心目的是促进人类社会的文化创新，保持文化多元化。在古镇文化生态系统中，文化创新是文化发展的生命之源，而包括非遗在内的文化遗产又是文化创新的动力源泉。传统文化保护和非遗传承的实质是一种创造性的文明转化，使之符合现代化的要求，使之在自我超越中获得新的生命力。这些年，新场古镇的文化体验季活动倡导"文创，点亮新生活"，便是以非遗传承促进古镇文化创新的一个优秀案例。

2016年以来，新场已经连续打造6季文化体验季活动，举办非遗"南街有约"、国学"传与承"等传统文化活动，形成新场文化创意设计大赛、新场手作节等文创品牌；开展25°旅行、大地秀场等古镇乡旅活动，创建运营"上海新场"和"新遗韵"新场非遗小程序等。值得一提的是，经过多年的培育，2021年新场古镇文化体验季（第六季）系列活动的影响力已从镇域层面逐步扩展到全市。在上海市文旅局的指导下、上海古镇保护利用联谊会的支持下，七宝古镇、召稼楼古镇、高桥古镇等各联谊会成员单位、兄弟古镇积极响应，均携各具特色的非遗和文创产品参与活动，"镇镇不同、镇镇有声"，一样的水乡情怀，别样的水乡风情，在这场活动盛宴中齐聚一堂。行之有效的文化创

新做法吸引着游客们纷至沓来，古镇大街小巷的非遗"打卡"，乡村田头邂逅的文创野趣，使得以非遗传承为内核的古镇文化生态保护既富有历史文化的感染力，又提供贴近自然的休闲娱乐体验方式，让人们亲近自然、感受传统、品味创意，为"科创、文创和乡创"三创融合发展注入源源不断的动力与活力。所以说，创新离不开传承，传承孕育着创新，做好非遗传承工作，就能有力促进古镇文化的不断创新。

3. 促进古镇和谐社会建设

非遗中蕴涵着许多和谐思想及行为规范，古镇中的不少非遗都是当地人民在特有的生产生活方式中为解决某种特定的社会问题或规避某种可能产生的问题而创造形成的，它们在规范社会秩序、构建公序良俗的社会环境等方面有着独特的思维方式和问题处理技巧，其存在为一定范围内的和谐社会发展起着重要作用。古镇文化生态保护离不开对非遗中和谐思想观念的传承与发扬。

沪苏水乡流行的阿婆茶，就是当地农村阿婆每天聚在一起，几张桌椅围坐在农家客堂、廊棚，吃着咸菜苋、萝卜干、九酥豆等自制土特产，边喝茶边聊天，嘴不闲、手不停（做针线活等），你来我往，其乐融融的风俗礼仪。

新场古镇流淌着经久不衰的丝竹清音。在长期的音乐实践中，经过不断琢磨和提高，新场丝竹出现了千姿百态、风采各异的个性化乐器声部，这些声部以主旋律与支声复调相得益彰的形态示人。演奏者们力图通过"加、减、抢、让、变"（即江南丝竹演奏中的加花、减字、抢档、让路、即兴）等演奏手法，以求达到你繁我简、你进我退、你中有我、我中有你、中正平和、合而不泯的音响效果，从而使这里的丝竹呈现出小轻细雅的艺术特征，阐释着古镇文化生态中和谐共进的人文底蕴。

三、从生态保护看非遗传承原则

非遗是古镇文化生态体系的重要组成部分，是其价值特色的重要体现，需要不断深入挖掘、充分认识、活化利用。新场古镇非遗传承，尤其应该注重对古镇历史地名、传统艺术、民间工艺、民俗精华、名人轶事、传统产业等非遗的保护和传承。

1. 整体性传承原则

非遗的整体性传承，既关注历史变迁，也关注当下形态和未来发展；既关注非遗项目本体，也关注传承主体和保护主体；既关注其所依存的自然环境，也关注其人文环境。新场古镇在对其国家级非遗项目"锣鼓书"的保护中，就充分遵循整体性传承原则。

从时间维度上的传承实践来看，非遗不是静态的，它是伴随着历史发展而发展的活态文化，具有流变性。锣鼓书旧称"太保书"，可追溯至明代"社书"，表演形式类似道教的道场，后逐渐从宗教仪式中脱胎而出，发展为独立的民间说唱形式。2006年锣鼓书被列入第一批国家级非遗名录。此后，它的传承愈发注重紧跟时代脉搏，创作了一大批富有时代气息，反映社会主义新农村建设成果的作品。据锣鼓书国家级传承人谈敬德介绍，只要"浦东方言不变，乐器不变，唱腔唱调不变"[2]，其他内容与形式无论如何变化，都属于锣鼓书的传承。新场创作的《桃李争春》《老浦东与新浦东》《老夫妻学双语》《魅力浦东》等锣鼓书新作与《珍珠塔》《白蛇传》《后兴唐》《七剑十三侠》等传统曲目并重共荣。舞台表演也从过去坐着说唱，一位演员、一架竖鼓、一面堂锣的单一方式发展为独唱、重唱、合唱、表演唱兼备的丰富形式。强调时间上的整体性传承，使锣鼓书吸引了更多的当代观众。

从空间维度上的传承实践来看，非遗的产生和发展与它所依存的环境密不可分。在古镇文化生态保护中的非遗传承，与其所依存的自然环境和人文环境相适应。新场古镇老街的中国锣鼓书艺术馆常年开展辅导培训工作，开设少儿班、青年班、中老年班，并出版了《锣鼓书曲本文学集成》。此外，新场在公共文化领域发力，每年参加各级各类文艺展演和上海市群众文化创作，提高全民保护锣鼓书的意识，打造群众参与保护实践工作的机会和平台；在校园文化上发力，积极开展"非遗进校园"活动，在中小学开设兴趣班、编写校本教材，推动锣鼓书走进中小学校。正是因为遵循整体性传承原则，锣鼓书逐步摆脱后继无人、生存濒危的困境，也使新场的传统文化特色更加鲜明，文化生态得到更好的保护。

2. 活态性传承原则

非遗的传承强调活态性特征，在古镇的文化生态保护中，重视人的价值和创造力，而对传承主体技艺技能的研习、维系、活态展现是文化生态保护中的重点工作。以新场的另一个非遗项目江南丝竹为例，便可见一斑。

江南丝竹以丝弦乐器和竹管乐器为基本编制，是流行于江浙沪一带的传统民族器乐合奏形式，也是我国传统音乐中最具地域文化特色的乐种之一。它风格优雅，曲调婉丽，以其典雅、细腻、清丽、柔美的音韵闻名于世，既富有江南秀美之风，又尽显都市灵动之韵，2006年被文化部认定为第一批国家级非遗名录项目，新场古镇是该项目的市级保护单位。

作为一种非遗项目，江南丝竹不是凝固的存在，它承续的是一种有声的鲜活文明，积淀了数代人情感依托和心灵诉求，是百余年来丝竹音乐家们学养与智慧的精神载体。音乐长河流动衍化的特性，民间丝竹音乐家的随心、随意、随性，演奏者的性情化等，要求每一代研习者都要肩负演奏、实践、承前启后的责任，并世代相袭。浦东新区新场镇江南丝竹传承基地每周末和国定节假日均对外开放，已成为新场镇文化旅游的窗口之一和非遗活态传承的一面旗帜。新场倡导"以人为本"进行非遗传承，其实质是指非遗的传承以"遗产持有者"为核心，促进"持有者"与遗产项目的同步发展。新场江南丝竹传承基地的代表性传承人吴惠福与其团队在古镇政府的支持下，常年开展江南丝竹活动和体验项目，包括：每周三下午新场镇江南丝竹乐队排练与培训；每年开设两期江南丝竹培训班和不定期丝竹进校园培训；每周六下午开展江南丝竹沙龙活动，并面向社区百姓、游客开放；国定假日免费开放新场镇江南丝竹传习所，组织展演活动，会乐器的游客还可以参与互动表演，强化新场古镇的文化氛围。通过加大对传承人的支持和保护，新场的江南丝竹得到了更好的保护、传承、发展和弘扬，这也进一步优化了当地的文化生态。

3. 本真性传承原则

新场古镇浦东派琵琶演奏技艺的传承，体现着文化生态保护中的非遗本真性传承，即传承非遗项目原生的、本来的、真实的技艺，特别是核心技艺，以及它所遗存的历史文化信息。

2008 年，包含浦东派琵琶演奏技艺在内的"琵琶艺术"被列入国家级非遗保护名录。浦东派琵琶起源于清代乾隆嘉庆年间的惠南、新场等地。自鼻祖鞠世林发轫以来，直至 20 世纪 40 年代，先后经鞠茂堂、陈子敬、倪清泉、沈浩初等名家师承接力，传有"鞠士林琵琶谱""陈子敬琵琶谱""养正轩琵琶谱"等琵琶谱，成为江南五大琵琶流派中耀眼的明珠。

近年来，新场镇开设浦东派琵琶传习班、浦东派琵琶艺术馆，聘请浦东派琵琶市级代表性传承人、上海音乐学院教授周丽娟传授技艺，从琵琶艺术的音乐本体出发，传承浦东派琵琶独特的演奏技法，包括：轮滚四条弦、并弦、大撮分、扫撇、拖奏、夹弹、夹扫，多样的吟法及锣鼓奏法等，以突出浦东派琵琶艺术的文曲柔婉细腻，武曲气势雄浑，大曲文武兼用等艺术特点。自开馆以来，新场镇浦东派琵琶艺术馆已接待全国十多个省市的学者，以及英国、韩国、日本、越南等国家的十多批友人，使浦东派琵琶的文脉得以传扬海内外。遵循本真性传承原则，浦东派琵琶艺术在新场枝繁叶茂，并积极反哺着新场丰富多彩的文化生态。

在古镇生态保护措施的林林总总中，如果说小桥流水人家是古镇清丽动人的"形"，那么非遗便是新场魅力的"魂"。历史文化名镇"因其地域性、文化性、民族性在时间的长河里彰显中华民族代代相传的生存智慧和审美意识"[3]，对古镇非遗传承情况的深入观察和客观评估，一方面，有助于充分认识城镇发展演变的内在过程和文化内涵，从而更加合理地把握城镇未来的发展定位和功能选择，指导物质层面的规划措施；另一方面，将具有积极意义的非遗合理、有序地注入那些被保护下来或者修复后的历史场所中去，能促使优秀的传统文化在原生态的环境中再生。◈

参考文献：

［1］阮仪三，袁菲，葛亮. 新场古镇：历史文化名镇的保护与传承［M］. 上海：东方出版中心，2014：1.

［2］上海市文物保护研究中心，复旦大学国土与文化资源研究中心. 上海市历史文化名镇文化生态调查与研究（内部资料）［M］，2017：33.

［3］郭晓阳. 历史文化名村、名镇创意设计理论与实践［M］. 北京：化学工业出版社，2021：1.

复活的仡佬印染

口述人：赵运祥　　整理人：王小梅

我是贵州铜仁市石阡县大沙坝乡挨山村的一位省级代表性传承人，我的祖先到贵州有 500 年了，祖辈们将这门技术一代代传下来，这一辈传到了我。近年来，国家经济、文化都发展得很快，我们这个染布行业跟不上现在的形势，就消失了一段时间，大约有十多年了。到 2015 年，在各级政府的支持领导下，这个行业又恢复起来。"印染工艺"被评为贵州省第四批省级非物质文化遗产扩展项目，我也被评贵州省第五批省级非物质文化遗产项目"印染工艺"代表性传承人。

古话说"要想富，水捞布"。意思是说，水里有布捞起来，这个家庭就富裕。起初，我爷爷学习印染，待他学会了，就传授给我的父亲一辈。父亲有三弟兄，其他两弟兄也都会的，但他们都去世了。

我家大哥也会做，但现在他已经 84 岁了，做不了了。还有另外一个会做印染的族人，现在也不做了。我们家族会做印染的，就我们三个还在。

当年，我一心一意地跟我父亲学手艺。一上来就学操作。父亲说："你还是有点基础能力的。"他是手把手教我的。要是会了的话，都没有"难"的那一说。我妻子是副工，我是主工。我的工作是最重要的，我做主要的核心技术，比如起缸、刷板和染色。染出来的颜色，也是由我控制。大匹的布，干布都有五斤，打湿水有十几二十斤，她挑起来，搅不转，就由我们俩一起动手。一挑水有七八十斤，她挑不动。洗的工作由她负责。洗花板，推豆腐，她帮忙打理。花板是她洗，透布是我去透。假设她也去做了我的活的话，这些杂活路就没有人做了。

我们那时印花是按批数的。染一批，大约一天要挂五十床，有时候也有六十床。一天可以出产五六十条。工作非常辛苦！天一亮就要动手。光印花，一天可以印五六十床。印花了，要做浆一天，还要晾干。晾干了，再蒸锅蒸熟，一缸可以下十床，六十床三天就可以印染出来了。总的是六十床的话，一个活路可能搞个十床。那时候价钱不高，四块钱加工一床。人家拿布来，四块钱一床，一直都没有涨过价。

他们那时候可以经营，但以加工为主，经营还是占少数。如果染了卖不掉，他们就不染了，就给人家加工。到 20 世纪 50 年代，生活紧张，他们就开始放手了。

种　靛

蓝靛是自己种。从栽靛做起，要特别精耕细作，土要挖得特别深，起码要挖 30 厘米的土泥靛。蓝靛的秆秆像现在的红苕那样一截一截的。农历 2 月底 3 月初，犁起来的土整好了，就拉上绳子，拿个短锄头，蹲着慢慢地跟着绳子，一行一行地，一窝对一窝地栽着走，宽度是 80 厘米，隔窝有 40 厘米的样子。栽了之后，马上淋清肥，它就不死不干。有一二十天时间，就要松土。松土了，就要追肥了。不能上化肥，只施农家肥、大粪，打出来的靛就好。

古话说的"九薅蓝靛，十是浆"，越薅得好，打出来的靛就越蓝，叶子就越厚。种在狭长的地方，阳光好的地方，它的叶子经常日晒才长得厚。如果栽在树根下，见不到太阳，它就是很薄，也打不出靛。

就像烤烟一样，交秋的时候，7 月间需要靛用的时候，就可以摘下面大一点的叶子，放在有三米宽、米把深、圆形的一个凼凼里面，用冷水泡三四天，把叶子撸起来，就加石灰。

作者简介： 赵运祥，贵州省石阡县大沙坝乡挨山村村民，贵州省级非遗项目"印染工艺"代表性传承人。王小梅，贵州日报高级记者，贵阳市手上记忆博物馆馆长。

7月是摘叶子。到10月份霜降之前，蓝靛叶就要全部收回来。齐根割来，如果需要留种子，就需要割来放到屋里，如果白天的活路太多了，没有空，晚上就慢慢来把下面的叶叶摘来扔了，栽到三五寸长的位置又拿来割成一段一段，用板凳脚来捆成一个一个的，放着第二年做种子。尖上的，用来泡上，打靛膏。

要用好的石灰，用桶倒水放在里面，调了，就来发泡。三四个人就来搅，搅个把小时，时间越长越好。搅好了，它就慢慢地沉底了。

头天下午打靛，第二天早上取靛。打靛的凼凼有两个洞。上面的洞出来的是水，下面的洞出来的就是靛。上面的洞一通，水一流完了，就通下面这个洞。下面这个洞旁边搞个小池子装靛。小池子的靛水分多了，把小池子表面的水弄出来，就可以用桶挑来染布了。

我们栽蓝靛，栽一年管三年。管上三年，都没有什么再发的了，都老了。我们计算五斤一窝蓝靛，或四斤一窝，用来打靛就可以。如果是两斤、三斤，打来都不见得强。四至六斤，或以上的，打来随便都有七成。靛好，它在手上是泡不酥的，是慢悠悠的。靛不好，就是一点淡薄的，一抹就掉了。靛越蓝就越好。也可以在手背上试。

那天，我去安顺买靛，店家拿出货来看。我讲了试靛的经验，他说："你是行家呀！"我一看，这个靛倒是真的，不过可能有加矾。如果只看水靛，他那个靛就好得很。但若拿靛膏来试，它就赶不上我们自己打的靛。所以拿这个来做试验，如果染来要得，我就继续在他那里买，要不得，就回来自己多打一点。

那时候一年用万把斤靛。光是我们自己，种的靛都有几十亩，产量可能有三四千斤。但还是不够，所以不能只靠自己种，还是在外地买得多。我们去聚凤买靛，那时路不通，三千多斤都是用马拖车拖来的。价钱也不贵，三四十块钱一百斤。

染 缸

3月份，马上可以起缸了。大染缸的木桶有了破洞，修起来也装不住水了。缸子小一点，就少染一点；缸子大一点，就多染一点。

开始启蒙，我就是弄个小缸来染。蓝靛在缸子里发起了，能染了，我又再扩大一点，用大缸。小缸我只能染一两米布，那个缸子也像人这样，要慢慢地才能身强体壮，到一定时候才能够操作。它像人的身体一样，如果还没有丰育，一染多了，身体就虚了，色就不能上布。缸子里那个水，要发起到像这个土棕色，才能上布，像这个蓝色就上不了布。

那一个缸，再怎么样，都要装三四挑水，或吨把水。一边加水，还要加碱。染布的原理就需要碱、石灰和靛。碱就是像人吃肉一样，石灰就像人吃盐巴一样。想染好布，就要这三样一起配合。

起缸，我是轻车熟路的，主要是差缸角质，就是染布之后沉淀的角质。那种角质也是黄的，一掰开，一会儿就带绿色。掰开是黄的，那角质就是好的。好的就可以拿来放在里面，加一点就当引子的意思。找得到引子起缸就快一点，好一点。

起这个蓝靛染缸，我们不看日子，不管这个。迷信这些，我是一直不相信的。过去打靛，有些讲究的，要用刀头切成方形的一坨猪肉，拿酒，要烧纸敬。现在，我们不讲究这些旧俗。

整缸子、发缸子需要米酒和蓝靛。原来染了布的缸子下面沉淀得有角质，就拿来放到锅里，石灰要在锅里炒得像火一样红了，放进去锅冒很大的烟，倒下去炒成黄色了，再掺碱水。

那时候的碱不像现在的纯碱，最近几年我们才用纯碱。那些年就用桐子壳烧成灰，再淀成水来掺碱。碱水和靛在锅里面一直熬三个小时。熬到开水起泡。那个泡泡绿油油的，黑得绿油油的、亮亮的，舀来倒进有半缸水的缸子里，然后就用棍子来在缸子里搅动，中间就有蓝花颜色的泡泡冒很高，缸子就好了！如果连泡泡都没有，这个缸子就没有整起来。一搞起来了，就一边染，一边逐步加碱水、加靛，等水逐渐起高，就可以染布了。

冬天，温度低了，要在缸里面加火。在一个小木桶里加炭火了，再放到染水里面去。比如说今晚上缸子弄完了，缸子休息了，就把炭火放进去，在里面升温，表面就用簸箕盖上。第二早上，如果说要来下布，把它提起来，就可以下布在里面。里面是保持温度的。炭在这缸里面，像船一样，放到染水里面去，相当于给它取暖。每天都要做一次，比如说白天人做，它就休息，晚上就烧一笼火在里面升温。染缸就像人一样，太冷就会生病，它的温度要与人的体温差不多，要保养它，如此，缸才能活。

合作社

1963 年，那时候还是集体生产，我家大伯是队长，商量染布变成集体收入老百姓才能生活下去。

我父亲当时在煮酒。我父亲在这个房子里可能煮了五年的酒。一开始搞起时生意好，后来周边的人个个都煮酒，他就不搞酒了。他说："我们搞染布！"他当队长的哥哥就支持他搞靛染布。

他就去买了一百斤的靛。那时候靛卖一块钱一斤，一百斤一百块钱。就这样，他把缸子发了起来，就整起干。染了两三年，人家个个都拿来加工，他一个人就做不过来了。集体就多安排了四五个，这边两个缸子，那边两个缸子，经常做印花的是四个人。还有出差的，要出去收布，要出去发布。我父亲还要出去采料，还要去买靛。他主要是到思南县、印江县去买。那时候染的人少，栽靛的人也多，他就到四面八方去收靛，负责专门采收靛。加上出去买猪血的人，总共有六七个人。

当时主要是我负责起缸。他们对做靛膏都不熟。起缸要做米酒，所以我们家自己要做酒。印花的有两个得行的，但是他们接浆子这些不得行。晚上我们将浆子接好了，他们第二天早上来帮着刮。接浆、兑料这些，主要还是我负责。

那时候，每人分一个缸子。比如说四个人就有四个缸子。你照顾这口，他照顾那口，各搞各的。如果染好了，你挑一头，他挑一头，来晾起，布是统一的。比如说板桥的，条子上就落板桥的名字。龙塘的，条子上就落龙塘的名字。大沙坝的，条子就落大沙坝的名字。布一点好，把条子一点清，龙塘的你去发，或者我去发，板桥的他去发，大沙坝的他去发。各人收得钱后，一千块的货、五百块的货，或者八百块钱的货，拿回来数钱交账，要对账。

那时候，这个寨子总共有三百个人做活路。一个人全年做两三百个活路。十分就是一个活

路。一个活路当一块钱。1956 年一年的收入，全县实现了万元队的村寨就是周郎坡，是全县的标军。

我们那时候一块钱一个劳动力，是全县有名的！有些村才一角、两角钱一个劳动力。那些净是补款户。我们这里补款户少得很！大部分都是净款户！所以收入也搞得好。

透 花

印花就是要好石灰，要把石灰筛得细细的，也要推豆腐，就像我们今天吃的这种豆腐。我亲舅子负责烤酒。烤酒要用煤烧火，他就扔一些石头进去火里，烧成石灰了，我就去拿点来加。

然后加石灰把豆腐放在一起接，像接粑粑一样。像今天晚上接好了，放在锅里去发一晚上。像发粑粑一样，发一晚上。第二天，搅转豆腐和石灰发酵的浆，把模子放在板板上面，就刮。那个模子刮多了，就要弄去洗，舀水上去刷洗。等它干了，又来重新刮。先用湿帕子将花板抹过，在刮的时候料才能渗透进去。将花板的正反两面抹湿，花板与床单前后左右的距离对齐，将料小坨小坨地分放在花板上，再用刮刀将每坨料均匀抹平。料的多或少，会导致花的明或暗，只有适量取料，才能刮出清晰匀称的花朵。下料的过程得注意，不能一次性放太多，料过多花会变得粗糙，料太少花又会不清晰。而刮料的时候，也总是出现某个孔没刮到的情况，如果不仔细看，刮出来的花就会不完整。刮花是一次就过，没有重来的道理。比如说刮一幅，做三版印，第一版印好了，就拿去放到院坝里面晾阴，就单挂一铺，中间这一回刮完了就刮两边，这边一刮好了，一拖过来就刮那边。这一铺被单就成功了，就放到院坝里面吹干。

布一刮规整了，吹干了，折好了，就要买猪血，整成糊糊接透，哪里一点点没有透，染出来就是花的。将猪血倒入大盆里，加入热水，用稻草使劲揉搓猪血。猪血融化后用纱布将血水过滤，反复揉搓，过滤，再揉搓，再过滤，直到猪血全变为血水。将手伸入血水中搅拌两下，看手没有粘有血粒便可浆布。将之前晾干的布逐渐浸入血水中，用手上下按压，当布在

血水中完全湿透后，布上的花色就会变得明显，这时就可将布捞出，平整地放在之前铺好的旧床单上，待血水被床单吸干后，再悬挂晾晒。在晾晒的过程中，布不能有褶皱，必须铺平晾晒。经过猪血浆洗的布由白色变为淡红色，十分好看。浆洗是仡佬印染中独特的环节，它能帮助染料固色。浆过的布要比没浆过的布更加不容易掉色。

以前不像现在方便买猪血，那时候猪血很难找的，我们托人找的猪血有时候会放到臭，生蛆了也得拿来用。我们这里统一杀年猪，哪家都不能吃血，全部拿来浆布。年猪的猪血放到三月间也不会放坏。

他们对我家好，我家对他们也好。凡是我们这里嫁人的姑娘，来染布都没有收钱的，加工布也不收加工费，有些人家要挂三四床。我们需要做点什么杂活，他们都来帮我们做。

挼透了，就晾干，晾干了又折好了，又用长布来裹，裹成长的卷起，然后就用大蒸子蒸起。要蒸得气很大，要蒸熟，把血蒸死蒸熟，蒸熟了再打开，下到缸子里面染。

把灶又生起了火，将晾干的血浆布层层叠作一排，用旧床单包裹成圆柱形状，再放到甑子里面。包裹好的布比甑子还要高出许多，不用上盖，用绳子将布与甑子捆绑在一起，便抬到锅里，用大火蒸。蒸布时，锅里的水不得过多，刚好淹过甑底就行。浆过的布不能沾水，沾水了布上的猪血就会褪掉。大火蒸上一个多小时，伸手触摸甑壁，感受到布变得软软的，就可以起甑了。蒸过的布颜色泛黄，还带着猪血的味道，布的质感较硬。洗过几次，就会变软。

一床被条最少要花三斤蓝靛，一百床要三百斤靛。一个猪血做两铺，一百床要一二十个猪血。一个猪血可能四斤左右，一百床要用百把斤猪血。现在制一个桶，要去买树子，还要改料，如果连材料、做工一起，要七八百千把块。大桶不行，就要小黄桶。缸子大一点的能染二十床，一般染十五床。如果说六点钟起来下缸染，它隔一个小时能连起连下两道，要染十七八道才染好，染好了，再刷，把先前豆腐的浆铲掉，铲规整了再挑到水里面去洗透。

那个白花就是石灰敷起的位置。它不能钻靛进去，就是白的了，就被盖到了。如果挼浆技术不好，一下缸的时候石灰一脱，染出来的花就乱了，所以挼浆也要讲技术。

尚青

上一点猪血染出来就深色一点，布越深色，花就越白色。染浅色的，就不用猪血，蓝布就不用猪血。我们染出的四种蓝颜色，可能有两种颜色都不用猪血。我们都喜欢深色，越深色，花就越白。还有一种月蓝色，就是天蓝，也是过去说的阴蓝，是那种蓝幽幽的月蓝。翠蓝稍微带深色一点。双蓝又要青（黑）一点。青（黑）布就是很青（黑）的。还是青的好！

我们做的蓝印花，被条、被面都有，垫单、枕帕也可以。蓝色的衣服也可以染。蓝色的少染一些。多染就是青色的，经得住洗一点，时间管得长一点。

过去的人都喜欢土靛？它有哪点好处呢？洗出来好看，不褪颜色。土布被条，土布衣服，穿了没有风湿。过去那些老人没有哪里痛，因为那时候都是穿土靛。像我们这些人都是高寿的，都是八九十岁。

为什么后来人们都不用了？其实也找不到这种衣服了。

赶集

那时候我们一场要收百把床印花被单，屋里那时都堆满了的。比如今天染好挑出去，转来，又挑布进来。我们这里是赶三个场龙塘、沙坝、板桥。龙塘有十七八公里远，都是走路挑去挑来。多的时候，一个礼拜转三四个场，远处的场也都去，来回要走三个多小时。

最后落到户了，我和妻子天不亮就起来去赶乡场。晚上回来，还在半路就不怎么看见亮了，摸着回来又要喂猪。那时候，早上起来吃了饭，碗就扔在锅里，孩子又小，回来还要洗碗喂猪。她洗碗喂猪，我就赶快去收拾这些布。因为要把人家名字吊上，不然弄不清到底是哪家的了。那个布上就是要号个名字在上面，名字撕掉了弄不清谁家是谁家的了，要记底子。每家的布不一样，都是自家织的。他们很少买市场上的布。

这个印花布，主要是龙塘、沙坝、板桥这

三个乡镇附近的人来找我们印。也有更远的地方的人来印。我们这个手艺的名声还是传得远的。思南、铜仁这些地方，亲戚一个托付一个的，好多都带到这里来染。

那时候，我们染好花布带出去，是拿去藏到人家屋头。比如你是店主，我就放你房间柜子里面关起来，就拿一两床铺盖摆起打样。人家来取布，就在后面来拿，人家拿布来，我就把名字记了，藏到屋里来。

歇　业

2003 年，我家不再染布了，有的人说："你家还要染不？还要染的话，我家还要来染。"

不是我们老了，不想做了。而是这个蓝印花跟不上形势需要了，这些土货没有人要了。现在成品布多了，年轻人就要去外面买料子布，只有老人家喜欢这种土布。当用的人也说它土了，我们做来也没有意思，没有销售价值，它逐渐就消失了。

现在年轻人讲究一些。这个土靛染布没有现在衣服穿起来撑抖。以前，的确良是邀不到台（不得了）的！农村人去还买不到。后来个个都穿的确良了，谁要这个呢？

再说，孩子们也不许我们做了。我家四个孩子。姑娘嫁在贵阳。大儿子在贵州电视台工作。老二打工去了。小儿子也在县工商局工作，他妻子在县里当干部。"苦得很！你们这么老了。我们活路太多了"，他们不许我们做了。

现在这个做起，销不出去，人家来学，你必须要开工资。你开不起工资，所以就后继无人。这些年轻娃儿，他不愿意搞，因为很难见到收益嘛。

没有投资，又没有销路，染来打样，又何苦呢？北京的人来采访，他说："你这个要好长时间做得出来？要好多材料？"我说："材料这个，斤把靛就可以了。"他说："要好久时间？"我说，时间就界定不到了。他问："这个需要多少材料呢？"我说，这个材料也说不清楚。怎么说不清楚呢？为你这床花单，我要重新发缸子。缸子不一定三天两天整得起来。我就界定不了时间。一个是整不起，需要多少靛也定不了。你说做花单，该拿一千或者两千块钱？做出来，你看价格太高了，你又不划算。结果，又没有谈成，就走了。像你们来发展，我来排个头，你们有你们的路，你们也得个名誉，我们也得有点收入。否则搞一张拿去，光是展示，我何苦呢？

大家是喊我们染。但这个东西不是说我们一染就能够发展起来。花板烂了，还要重新找板子来做。如果现在恢复染花，缸子也要整好，找布来试验，采花上去。如果会绣花的要绣点花在上面，做点围巾、高领的衣服，等等，也要打围腰，绣朵花在上面。如果光染布出来销路不好，要有时代的新变化。

我们有一批染出来不好。主要是布不是纯棉的，它不上色。

这件事情感觉急，但也需要放缓。急是因为掌握印染技术的老人家留给我们的时间不多了，不可能等十年、二十年再传承给后人，已经不具备这个条件了。缓的是我们要准备好生产条件，要兼顾文化价值，又要有一定的经济效益，才能去做。如何平衡好这几者的关系，这是我一直在思考的问题。◈

图书在版编目(CIP)数据

非遗传承研究. 2023.2 / 陆建非主编. —上海：
中西书局，2023
ISBN 978-7-5475-2117-5

Ⅰ.①非… Ⅱ.①陆… Ⅲ.①非物质文化遗产-研究
-中国 Ⅳ.①G122

中国国家版本馆 CIP 数据核字(2023)第 082717 号

非遗传承研究 2023(2)

陆建非　主编

责任编辑　刘　博
装帧设计　杨钟玮
责任印制　朱人杰

出版发行　上海世纪出版集团
　　　　　　中西書局(www.zxpress.com.cn)
地　　址　上海市闵行区号景路 159 弄 B 座(邮编:201101)
印　　刷　上海商务联西印刷有限公司
开　　本　889 毫米×1194 毫米　1/16
印　　张　4.5
字　　数　140 000
版　　次　2023 年 6 月第 1 版　2023 年 6 月第 1 次印刷
书　　号　ISBN 978-7-5475-2117-5/G・730
定　　价　35.00 元

本书如有质量问题,请与承印厂联系。电话:021-66366565